2025年春 受験用 解答集

福岡県

福岡教育大学附属（福岡・小倉・久留米）中学校

2019〜2013年度の7年分

本書は，実物をなるべくそのままに，プリント形式で年度ごとに収録しています。
問題用紙を教科別に分けて使うことができるので，本番さながらの演習ができます。

■ 収録内容

・解答集（この冊子です）

　　　書籍ＩＤ番号，この問題集の使い方，リアル過去問の活用　解答例と解説，
　　　ご使用にあたってのお願い・ご注意，お問い合わせ

・2019（平成31）年度 ～ 2013（平成25）年度　学力検査問題

JN131915

○は収録あり	年度	'19	'18	'17	'16	'15	'14	'13
■ 問題収録		○	○	○	○	○	○	○
■ 解答用紙			○	○	○	○	○	
■ 解答		○	○	○	○	○	○	○
■ 解説		○	○	○	○	○	○	○
■ 配点								

☆問題文等の非掲載はありません

もっと
過去問！
シリーズ

Ｋ 教英出版

■ 書籍ID番号

入試に役立つダウンロード付録や学校情報などを随時更新して掲載しています。
教英出版ウェブサイトの「ご購入者様のページ」画面で，書籍ID番号を入力してご利用ください。

書籍ID番号　**165040**　▶

（有効期限：2025年9月30日まで）

【入試に役立つダウンロード付録】
「中学合格への道」

■ この問題集の使い方

　年度ごとにプリント形式で収録しています。針を外して教科ごとに分けて使用します。①片側，②中央
のどちらかでとじてありますので，下図を参考に，問題用紙と解答用紙に分けて準備をしましょう（解答
用紙がない場合もあります）。

　針を外すときは，けがをしないように十分注意してください。また，針を外すと紛失しやすくなります
ので気をつけましょう。

① 片側でとじてあるもの

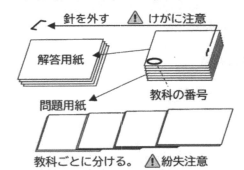

針を外す ⚠けがに注意
解答用紙
問題用紙
教科の番号
教科ごとに分ける。 ⚠紛失注意

② 中央でとじてあるもの

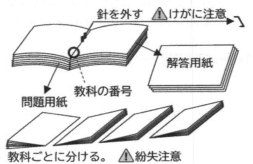

針を外す ⚠けがに注意
問題用紙
教科の番号
解答用紙
教科ごとに分ける。 ⚠紛失注意

※教科数が上図と異なる場合があります。
　解答用紙がない場合や，問題と一体になっている場合があります。
　教科の番号は，教科ごとに分けるときの参考にしてください。

リアル過去問の活用

~リアル過去問なら入試本番で力を発揮することができる~

🌸 本番を体験しよう！

問題用紙の形式（縦向き / 横向き），問題の配置や余白など，実物に近い紙面構成なので本番の臨場感が味わえます。まずはパラパラとめくって眺めてみてください。「これが志望校の入試問題なんだ！」と思えば入試に向けて気持ちが高まることでしょう。

🌸 入試を知ろう！

同じ教科の過去数年分の問題紙面を並べて，見比べてみましょう。

① 問題の量

毎年同じ大問数か，年によって違うのか，また全体の問題量はどのくらいか知っておきましょう。どのくらいのスピードで解けば時間内に終わるのか，大問ひとつにかけられる時間を計算してみましょう。

② 出題分野

よく出題されている分野とそうでない分野を見つけましょう。同じような問題が過去にも出題されていることに気がつくはずです。

③ 出題順序

得意な分野が毎年同じ大問番号で出題されていると分かれば，本番で取りこぼさないように先回りして解答することができるでしょう。

④ 解答方法

記述式か選択式か（マークシートか），見ておきましょう。記述式なら，単位まで書く必要があるかどうか，文字数はどのくらいかなど，細かいところまでチェックしておきましょう。計算過程を書く必要があるかどうかも重要です。

⑤ 問題の難易度

必ず正解したい基本問題，条件や指示の読み間違いといったケアレスミスに気をつけたい問題，後回しにしたほうがいい問題などをチェックしておきましょう。

🌸 問題を解こう！

志望校の入試傾向をつかんだら，問題を何度も解いていきましょう。ほかにも問題文の独特な言いまわしや，その学校独自の答え方を発見できることもあるでしょう。オリンピックや環境問題など，話題になった出来事を毎年出題する学校だと分かれば，日頃のニュースの見かたも変わってきます。

こうして志望校の入試傾向を知り対策を立てることこそが，過去問を解く最大の理由なのです。

🌸 実力を知ろう！

過去問を解くにあたって，得点はそれほど重要ではありません。大切なのは，志望校の過去問演習を通して，苦手な教科，苦手な分野を知ることです。苦手な教科，分野が分かったら，教科書や参考書に戻って重点的に学習する時間をつくりましょう。今の自分の実力を知れば，入試本番までの勉強の道すじが見えてきます。

🌸 試験に慣れよう！

入試では時間配分も重要です。本番で時間が足りなくなってあわてないように，リアル過去問で実戦演習をして，時間配分や出題パターンに慣れておきましょう。教科ごとに気持ちを切り替える練習もしておきましょう。

🌸 心を整えよう！

入試は誰でも緊張するものです。入試前日になったら，演習をやり尽くしたリアル過去問の表紙を眺めてみましょう。問題の内容を見る必要はもうありません。どんな形式だったかな？受験番号や氏名はどこに書くのかな？…ほんの少し見ておくだけでも，志望校の入試に向けて心の準備が整うことでしょう。

そして入試本番では，見慣れた問題紙面が緊張した心を落ち着かせてくれるはずです。

※まれに入試形式を変更する学校もありますが，条件はほかの受験生も同じです。心を整えてあせらずに問題に取りかかりましょう。

算 数

平成 31 年度 解答例・解説

《解答例》

1. 1. 54　2. $\frac{5}{24}$　3. 16　4. 20　5. 8　6. 29600

2. 99

3. 1. 2：3　2. 1：12

4. 1. 55　2. 36

5. 1. 21.6　2. 27

6. 1. 12　2. 84

《解 説》

1　1　与式＝$12＋2×(25－4)＝12＋2×21＝12＋42＝54$

2　与式＝$\frac{1}{8}＋(\frac{10}{12}－\frac{3}{12})×\frac{1}{7}＝\frac{1}{8}＋\frac{7}{12}×\frac{1}{7}＝\frac{1}{8}＋\frac{1}{12}＝\frac{3}{24}＋\frac{2}{24}＝\frac{5}{24}$

3　分子が 1～60 だから，分数は全部で 60 個ある。60 を素数の積の形で表すと，右の筆算より，
$60＝2×2×3×5$ となる。したがって，分子が 2 の倍数か 3 の倍数か 5 の倍数ならば約分できる
ので，1～60 の整数のうち，2 の倍数でも 3 の倍数でも 5 の倍数でもない数の個数を求めればよい。

2）	60
2）	30
3）	15
	5

右のようなベン図をかいて考える。2 の倍数は $60÷2＝\underline{30}$（個），3 の倍数は
$60÷3＝\underline{20}$（個），5 の倍数は $60÷5＝\underline{12}$（個）ある。2 と 3 の公倍数（最小公
倍数である 6 の倍数）は $60÷6＝10$（個），2 と 5 の公倍数（最小公倍数である
10 の倍数）は $60÷10＝6$（個），3 と 5 の公倍数（最小公倍数である 15 の倍数）
は $60÷15＝4$（個），2 と 3 と 5 の公倍数（最小公倍数である 30 の倍数）は
$60÷30＝2$（個）ある。下線部を全部足すと，a の部分は 3 回，b，c，d の部分は 2 回ずつ足しているので，
60 までの 2 の倍数と 3 の倍数と 5 の倍数は，$30＋20＋12－10－6－4＋2＝44$（個）になる。
よって，2 の倍数でも 3 の倍数でも 5 の倍数でもない数は，$60－44＝16$（個）

4　右のような面積図（点数の合計を面積で表している）で考える。男子の合計
点と女子の合計点を足すと，全体の合計点（太線の長方形）になるから，色つき
の 2 つの長方形の面積が等しいとわかる。2 つの長方形の縦の長さの比が，
$(68－67)：(67－65.5)＝2：3$ だから，横の長さの比は 3：2 である。
よって，男子と女子の人数の比が 3：2 だから，女子の人数と全体の人数の比
は 2：5 なので，女子の人数は，$50×\frac{2}{5}＝20$（人）

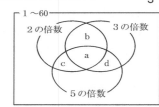

5　右図の 8 種類できる。

6　福岡県と京都府の割合の差が $25－9＝16$（%）であり，これが 4736 トンだから，
全体の量は，$4736÷\frac{16}{100}＝29600$（トン）である。

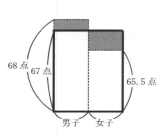

2　㋐$\underline{3：4}$ で配ったときも，㋑$\underline{2：3}$ で配ったときも，アメが 3 個余ることに変わりは

ない。つまり，１人あたりのアメの個数はどちらも同じであるとわかる。⑦と④のアメを表す比の数を最小公倍数の６にそろえると，⑦×２より⑨6：8，④×３より④6：9となる。⑨と④の比の数の１は同じ個数を表すので，全員に配るために必要なキャラメルの個数は，⑨のとき⑧，④のとき⑨と表せる。⑦から④に変えることで，全体で必要なキャラメルの個数が３＋９＝12(個)増えたのだから，⑨－⑧＝①が12個にあたる。

よって，⑧＝12×8＝96(個)だから，キャラメルは96＋3＝99(個)ある。

3　1　ＦＧの長さを１とすると，ＢＣの長さは１×３＝３である。平行四辺形の向かい合う辺は長さが等しいから，ＡＤ＝ＢＣ＝３なので，ＡＦ＋ＧＤ＝３－１＝２である。ＡＦ：ＧＤ＝１：２より，ＡＦ：(ＡＦ＋ＧＤ)＝１：３だから，ＡＦ＝２×$\frac{1}{3}$＝$\frac{2}{3}$である。よって，ＡＦ：ＦＧ＝$\frac{2}{3}$：１＝２：３

2　三角形ＥＦＧの面積を①として，高さが等しい三角形の面積の比は底辺の長さの比に等しいことを利用して，平行四辺形ＡＢＣＤの面積を考えていく。

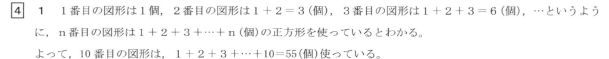

ＥＦ：ＥＢ＝１：３だから，ＥＦ：ＦＢ＝１：２である。
三角形ＥＦＧと三角形ＢＦＧの面積の比は，ＥＦ：ＦＢ＝１：２だから，
(三角形ＢＦＧの面積)＝①×2＝②
三角形ＢＦＧと三角形ＢＡＤの面積の比は，ＦＧ：ＡＤ＝１：３だから，(三角形ＢＡＤの面積)＝②×3＝⑥
三角形ＢＡＤの面積は平行四辺形ＡＢＣＤの面積の半分だから，(平行四辺形ＡＢＣＤの面積)＝⑥×2＝⑫
よって，三角形ＥＦＧと平行四辺形ＡＢＣＤの面積比は，１：12

4　1　１番目の図形は１個，２番目の図形は１＋２＝３(個)，３番目の図形は１＋２＋３＝６(個)，…というように，ｎ番目の図形は１＋２＋３＋…＋ｎ(個)の正方形を使っているとわかる。

よって，10番目の図形は，１＋２＋３＋…＋10＝55(個)使っている。

2　周りの長さについて規則性を見つけるために，１番目から３番目の図形の周りの長さを図で調べると，右表のようになるとわかる。周りの長さは，図形が何番目かを表す数に４をかけた値と等しくなることがわかる。

図形	1番目	2番目	3番目
周りの長さ	4 cm	8 cm	12 cm

よって，周りの長さが144cmとなるのは，144÷4＝36(番目)の図形である。

5　1　水そうの底面積が20×25＝500(c㎡)，おもりの底面積が10×5＝50(c㎡)だから，おもりを入れたとき，水が入っている部分の底面積は，500－50＝450(c㎡)である。したがって，水の体積は，450×24＝10800(c㎥)である。

よって，おもりを入れる前の水面の高さは，10800÷500＝21.6(cm)

2　1の解説より，おもりを２本入れたことで水が入っている部分の底面積は450－50＝400(c㎡)になった。水の体積は変化していないから，水面の高さは，10800÷400＝27(cm)になったとわかる。

6　1　Ａ駅を午前８時に出発した普通列車を列車Ｐ，Ｐと８時３分にすれちがった列車を列車Ｑ，Ｐと８時58分(９時の２分前)にすれちがった列車を列車Ｒとする。Ｐが３分走ってからＰとＱはすれちがったので，Ｑは３分後の８時６分にＡ駅に着く。普通列車はＡＢ間を１時間で走るので，ＱがＢ駅を出発したのは８時６分の１時間前の７時６分である。また，ＰはＲとすれちがってから２分走ってＢ駅に着いたので，Ｒは８時58分の２分前の８時56分にＢ駅を出発したとわかる。

したがって，Ｑが出発してからＲが出発するまでに８時56分－７時６分＝110分あるので，ＲはＱの110÷10＝11(本)あとの普通列車だから，ＱをふくめてＲまで１＋11＝12(本)の普通列車が走ったとわかる。よって，ＰはＢ駅を発車した普通列車と12回すれちがった。

2 B駅から連続して発車したある2本の普通列車を順番にS，Tとし，C駅から連続して発車したある2本の急行列車を順番にU，Vとする。SとUがすれちがったときの図をかくと，右図のようになる。普通列車は10分おきに発車しているから，ある急行列車が普通列車とすれちがってから次の普通列車とすれちがうまでの時間は10分より少なくなる。したがって，すれちがうまでの時間が14分になるのは，ある普通列車が急行列車とすれちがってから，次の急行列車とすれちがうときと判断できる。

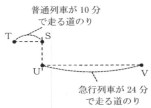

普通列車が10分で走る道のり

急行列車が24分で走る道のり

急行列車が1分で走る道のりを①とすると，図のUV間は㉔である。図から14分たつ間にVが⑭走り，Sが㉔－⑭＝⑩走ってSとVがすれちがうのだから，SとVの速さの比は⑩：⑭＝5：7である。この比の数の差の7－5＝2が時速24kmにあたるので，急行列車の速さは，$24 \times \dfrac{7}{2} = 84$ より，時速84kmである。

═══════════════════ 《解答例》 ═══════════════════

1　1．20　　2．$\frac{5}{9}$　　3．980　　4．200　　5．28　　6．19355000

2　10

3　1．1：2　　2．4：5

4　1．54　　2．1782

5　1．330　　2．70

6　1．4.8　　2．7，53

═══════════════════ 《解　説》 ═══════════════════

1　1　与式＝17＋15÷5＝17＋3＝20

　　2　与式＝$\frac{4}{9}\times\frac{1}{2}+(\frac{2}{5}-\frac{1}{3})\div\frac{1}{5}=\frac{2}{9}+(\frac{6}{15}-\frac{5}{15})\times5=\frac{2}{9}+\frac{1}{15}\times5=\frac{2}{9}+\frac{1}{3}=\frac{2}{9}+\frac{3}{9}=\frac{5}{9}$

　　3　本を買う前と買ったあとの2人の所持金の差は変わらない。本を買う前の2人の所持金の比の差は7－5＝2で，本を買ったあとの2人の所持金の比の差は9－5＝4である。本を買う前の2人の所持金の比の差を，2と4の最小公倍数である4に合わせると，本を買う前の比は（7×2）：（5×2）＝14：10になる。花子さんの所持金を表す比の数は，本を買う前が10，本を買ったあとが5だから，10－5＝5が本の値段である350円を表す比の数とわかる。よって，求める金額は，$350\times\frac{14}{5}=980$（円）

　　4　6年生女子は88÷0.8＝110（人）で，これは6年生全体の55％にあたるから，求める人数は，110÷0.55＝200（人）

　　5　2人3脚をする組の1人目は8人から選び，2人目は1人目以外の7人から選ぶから，全部で8×7＝56（通り）である。しかし，例えば，Aさん，Bさんの組み合わせと，Bさん，Aさんの組み合わせは同じ組だから，求める組み合わせは，56÷2＝28（通り）

　　6　帯グラフより，日本におけるバラの生産量のうち7％が福岡県であるとわかる。よって，求める本数は，276500000×0.07＝19355000（本）

2　大人1人の1日の収穫量を1とすると，畑全体の大根の量は1×8×3＝24と表せるので，子ども1人の1日の収穫量は，$24\div10\div6=\frac{2}{5}$と表せる。大人2人と子ども1人だと1日に$1\times2+\frac{2}{5}=\frac{12}{5}$を収穫できるので，求める日数は，$24\div\frac{12}{5}=10$（日）

3　1　右図のようにAとCを結ぶ。三角形ACEと三角形ECDは，底辺をそれぞれ
AE，EDとしたときの高さが等しいから，AE：EDは面積比と等しくなる。し

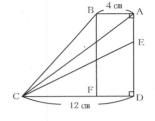

たがって，この面積比を求める。

三角形ABCと三角形CDAの面積比はAB：CD＝4：12＝1：3と等しいので，
三角形ABCと台形ABCDの面積比は1：（1＋3）＝1：4である。

四角形ABCEの面積は台形ABCDの面積の$\frac{1}{2}$なので，三角形ACEの面積は，
台形ABCDの面積の$\frac{1}{2}-\frac{1}{4}=\frac{1}{4}$にあたる。

よって，三角形ACEと三角形ECDの面積比は$\frac{1}{4}$：$\frac{1}{2}$＝1：2なので，AE：ED＝1：2

2　台形ABCDと台形ABFDは，面積比が2：1で高さが等しいから，
（AB＋CD）：（AB＋FD）＝2：1となる。AB＋CD＝16（cm）だから，
AB＋FDは，16×$\frac{1}{2}$＝8（cm）となるため，FD＝8−4＝4（cm）

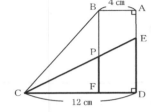

このため，台形ABFDは長方形なので，BFとCDは垂直とわかる。

長方形ABFDと三角形ECDの面積がともに台形ABCDの面積の$\frac{1}{2}$な

ので，共通部分である四角形EPFDを除いた残りである四角形ABPEと三角形PCFの面積は等しい。

したがって，三角形PCFと四角形EPFDの面積比を求めればよい。

PFとEDが平行で，CF＝12−4＝8（cm）だから，三角形PCFは三角形ECDを$\frac{CF}{CD}=\frac{8}{12}=\frac{2}{3}$（倍）に縮小した

三角形である。図形をa倍に縮小（または拡大）すると面積はa×a（倍）になるから，三角形PCFと三角形ECD

の面積比は，$\left(\frac{2}{3}\times\frac{2}{3}\right)$：1＝4：9である。よって，三角形PCFと四角形EPFDの面積比は，4：（9−4）＝

4：5だから，求める面積比は，4：5

4　1　1〜3番目に並ぶ数は1，2，3で，4〜6番目に並ぶ数は1〜3番目の中央の数の2から連続する3つの整

数の2，3，4である。このように，1〜3番，4〜6番，7〜9番…をそれぞれ1組として考えると，各組の1

つ目の数は，前の組の中央の数になるように数が並んでいる。また，その組の最大の数は初めて表れる数である。

初めて表れる20は18，19，20と並ぶ18組目の最後の数だから，この20までに3×18＝54（個）の数が並ぶ。

よって，初めて20が表れるのは54番目である。

2　1をふまえる。99番目の数は99÷3＝33（組目）の最大の数である。1組目の数の和は6，2組目の数の和は

9，3組目の数の和は12だから，各組の数の和は連続する3の倍数になるとわかる。さらに，n組目の数の和は

3×（n＋1）で表せるので，33組目の数の和は3×（33＋1）＝102である。6から102までの連続する33個の3

の倍数の和の2倍は，右の筆算より，108×33となるから，6から102までの連続

する3の倍数の和は，$\frac{108\times33}{2}$＝1782より，求める数は1782である。

$$
\begin{array}{r}
6+\ 9+\ 12+\cdots\cdots+102 \\
+)102+\ 99+\ 96+\cdots\cdots+\ 6 \\
\hline
108+108+108+\cdots\cdots+108
\end{array}
$$

5　1　右図のように記号をおく。図の色付きの部分は，一番浅いところで深さ80cm

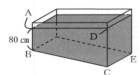

まで水を入れた状態を表している。1m＝100cmより，80cm＝（80÷100）m＝0.8m

だから，水の入っていない部分は1−0.8＝0.2（m）ぶんあるとわかるので，一番深

いところの水の深さは1.6−0.2＝1.4（m）である。色付きの部分は底面が台形ABCD

で高さがCEの四角柱なので，求める体積は，（0.8＋1.4）×25÷2×12＝330（㎥）

2　ポンプで10時間水を入れると，12×10＝120（㎥）の水がプールに入る。右図の

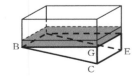

ように記号をおく。太線で囲んだ三角柱の体積は，GC＝1.6−1＝0.6（m）だから，

25×0.6÷2×12＝90（㎥）なので，残りの120−90＝30（㎥）の水は図の色付きの直方

体の部分にあるとわかる。色付きの直方体の底面を上から見た面とすると，底面積が $12×25＝300 (㎡)$ だから，色付きの直方体の高さは，$30÷300＝0.1 (m)$ である。

よって，求める深さは，$(0.6＋0.1)×100＝70 (cm)$

6 1 こういちさんは20分間で800mの道のりを往復するから，片道にかかる時間は $20÷2＝10 (分間)$ である。

1時間＝60分，1km＝1000mだから，求める速さは，分速$(800÷10)$m＝分速80m＝時速$(80×60÷1000)$km＝時速4.8km

2 こういちさんが学校までの2.8km＝$(2.8×1000)$m＝2800mの道のりを分速80mの速さで進むと，$2800÷80＝$ 35$(分間)$かかるから，7時25分に家を出て自動車に乗らずに歩いていくと，学校に着くのは7時25分＋35分＝ 8時である。実際はこの3分前に学校に着いたので，8時－3分＝7時57分に学校に着いたとわかる。家から学校まで自動車では $2.8÷42×60＝4 (分)$ かかるから，求める時刻は，7時57分－4分＝7時53分

平成 ㉙ 年度 解答例・解説

《解答例》

1 1．2   2．$\frac{39}{100}$ 3．8：11   4．30   5．10   6．8875

2 1500

3 1．96   2．28

4 1．$\frac{1}{200}$ 2．18

5 1．0.5   2．20, 30

6 1．$1\frac{2}{3}$ 2．1

《解説》

1 1 与式＝$23－7×3＝23－21＝2$ 2 与式＝$\frac{6}{25}＋\frac{1}{4}×\frac{3}{5}＝\frac{6}{25}＋\frac{3}{20}＝\frac{24}{100}＋\frac{15}{100}＝\frac{39}{100}$

3 A国の国全体の面積を100とすると，A国の山地の面積は77と表せる。B国の山地の面積はA国の山地の面積の半分だから，$77÷2＝38.5$と表せる。これは，B国の国全体の面積の28%だから，B国の国全体の面積は，$38.5÷\frac{28}{100}＝137.5$となる。よって，A国とB国の国全体の面積の比は，100：137.5＝8：11

4 歩いた1.5kmは，電車で行った道のりの残りの $1－\frac{3}{4}＝\frac{1}{4}$ だから，電車で行った道のりの残りは，$1.5÷\frac{1}{4}＝$ 6(km)とわかる。この6kmは，全体の道のりの $1－\frac{4}{5}＝\frac{1}{5}$ だから，求める道のりは，$6÷\frac{1}{5}＝30 (km)$

5 4種類の硬貨が2個ずつあるから，できる2個の硬貨の組み合わせは，右の表の10組である。この10組でできる金額はそれぞれ異なるから，異なる金額は10通りできる。

硬貨	5円	5円	5円	5円	10円	10円	10円	50円	50円	100円
	5円	10円	50円	100円	10円	50円	100円	50円	100円	100円
金額(円)	10円	15円	55円	105円	20円	60円	110円	100円	150円	200円

6 帯グラフから，福岡の生産量の割合は $28－17＝11 (\%)$，愛知の生産量の割合は $54－48＝6 (\%)$ とわかる。求める生産量の差は，国内の生産量の $11－6＝5 (\%)$ にあたるから，$177500×\frac{5}{100}＝8875 (t)$

2 1人分の入園料を求めるので，Aさんが払った3人分の入園料を調べてから，3で割る。

3人の払った金額を○円にそろえたとすると，AさんはBさんとCさんから合わせて $200＋1400＝1600 (円)$ もらったので，Aさんが払った金額は○円よりも1600円高い。また，BさんはAさんに200円わたすと○円になるから，

Bさんが払った金額は○円よりも200円安い。同様に，Cさんが払った金額は○円よりも1400円安いから，3人が払った金額を線分図にすると，右のようになる。この線分図から，Bさんの払っ

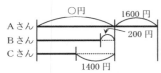

た金額はAさんよりも200＋1600＝1800（円）安く，Cさんの払った金額はAさんよりも1400＋1600＝3000（円）安いことがわかる。このため，BさんとCさんの払った金額の合計は，Aさんの払った金額の2倍に，1800＋3000＝4800（円）足りないとわかる。BさんとCさんの払った金額の合計は，Aさんの払った金額に300円足りないから，Aさんの払った金額は4800－300＝4500（円）である。したがって，3人分の入園料が4500円だから，1人分の入園料は，4500÷3＝1500（円）

3　1　三角形BHIと三角形ABCの底辺の長さと高さを比べる。これらの三角形は，底辺をBI，BCとしたときの高さが等しいから，面積比は底辺の長さの比に等しい。BI：BC＝4：1だから，三角形BHIの面積は三角形ABCの面積の4倍に等しく，24×4＝96（㎠）となる。

2　1の解説と同じように，高さが等しい三角形の面積比は底辺の長さの比に等しいことを利用する。また，ある図形をa倍に拡大（または縮小）した図形の面積は，元の図形の(a×a)倍になることを利用する。

右のように作図すると，3つの三角形FJH，DLH，ABHが同じ

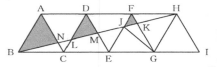

形（この形の三角形を⑦とする）となり，3つの三角形FKH，DMH，ANHも同じ形（この形の三角形を①とする）となる。このため，3つの色がついた部分はそれぞれ，⑦から①を除いた図形となるので，同じ形である。したがって，三角形FJKの面積と，残りの色がついた部分が三角形FJKをそれぞれ何倍に拡大した図形かを調べる。

三角形FJHと三角形EJBは同じ形であり，対応する辺の長さの比がFH：EB＝1：2だから，FJ：EJ＝1：2となる。したがって，三角形FJGと三角形FEGの面積比は，FJ：FE＝1：3（＝1＋2）となるから，三角形FJGの面積は，24×$\frac{1}{3}$＝8（㎠）である。また，三角形FKHと三角形GKBは同じ形であり，対応する辺の長さの比がFH：GB＝1：3だから，FK：GK＝1：3となる。したがって，三角形FJKと三角形FJGの面積比は，FK：FG＝1：4（＝1＋3）となるから，三角形FJKの面積は，（三角形FJGの面積)×$\frac{1}{4}$＝2（㎠）

一方，3つの三角形FKH，DMH，ANHの対応する辺の長さの比が，FH：DH：AH＝1：2：3であることから，FK：DM：AN＝1：2：3とわかるので，三角形DLMは三角形FJKを2倍に拡大した図形，三角形ABNは三角形FJKを3倍に拡大した図形となる。このため，求める面積の和は，三角形FJKの面積の，1＋2×2＋3×3＝14（倍）に等しい。よって，求める面積は，（三角形FJKの面積)×14＝28（㎠）

4　1　並んでいる分数の分子は，1，2，3の3つの数が周期的にくり返されているから，100番目の分数の分子は，100÷3＝33余り1より，34回目の周期の1つ目の1である。また，n番目の分数の分母は，2から数えてn番目の偶数だから，100番目の分数の分母は，2×100＝200である。よって，求める分数は，$\frac{1}{200}$

2　分子が同じであれば，分母が小さいほど大きい分数となるので，分子が1の分数，2の分数，3の分数それぞれについて，$\frac{1}{20}$より大きい分数の個数を調べる。

・分子が1の分数の場合，分母が20より小さければ，$\frac{1}{20}$より大きい分数である。問題文から，分子が1で分母が20より小さい分数は，$\frac{1}{2}$，$\frac{1}{8}$，$\frac{1}{14}$の3個あるとわかる。

・分子が2の分数の場合，分母が20×2＝40より小さければ，$\frac{1}{20}=\frac{2}{40}$より大きい分数である。分母は2ずつ大きくなり，分子は1，2，3の3つの数が周期的に現れるから，分子が2の分数は，分母が2×3＝6大きくなるごとに現れる。初めて現れる分子が2の分数は$\frac{2}{4}$だから，$\frac{1}{20}$より大きい分数は，$\frac{2}{4}$，$\frac{2}{10}$，$\frac{2}{16}$，$\frac{2}{22}$，$\frac{2}{28}$，$\frac{2}{34}$の

<u>6個ある。</u>

・分子が3の分数の場合，分母が $20 \times 3 = 60$ より小さければ，$\dfrac{1}{20} = \dfrac{3}{60}$ より大きい分数である。分子が3の分数も，

$\dfrac{3}{6}$ から分母が6大きくなるごとに現れるから，$\dfrac{3}{6}$，$\dfrac{3}{12}$，$\dfrac{3}{18}$，$\dfrac{3}{24}$，$\dfrac{3}{30}$，$\dfrac{3}{36}$，$\dfrac{3}{42}$，$\dfrac{3}{48}$，$\dfrac{3}{54}$の<u>9個</u>ある。

以上の下線部を合計すると，求める個数は，$3 + 6 + 9 = 18$(個)となる。

5 **1** 初めに，2分間で入った水の体積を調べる。この2分間で水が入ったのは，

右の図1の太線で囲まれた部分である。この部分は，底面が台形で高さが 15 cm

の四角柱だから，右下の図2のように作図して，底面積を調べる。

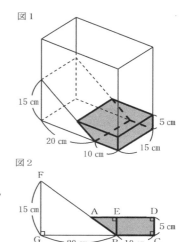

台形ＡＢＣＤを三角形ＡＢＥと長方形ＥＢＣＤに分けると，三角形ＡＢＥは三

角形ＢＦＧと同じ形の直角三角形となる。ＥＢ＝ＤＣ＝5 cmだから，三角形

ＡＢＥと三角形ＢＦＧの対応する辺の長さの比は，ＥＢ：ＧＦ＝$1:3$となる

ため，ＡＥ：ＢＧ＝$1:3$である。したがって，ＡＥ $= 20 \times \dfrac{1}{3} = \dfrac{20}{3}$(cm)である。

台形ＡＢＣＤは，上底のＡＤがＡＥ＋ＥＤ $= \dfrac{50}{3}$(cm)，下底のＢＣが 10 cm，高さ

がＤＣ＝5 cmだから，面積は $\left(\dfrac{50}{3} + 10\right) \times 5 \div 2 = \dfrac{200}{3}$($cm^2$)となる。このことから，

2分間で入った水の体積は，$\dfrac{200}{3} \times 15 = 1000$($cm^3$)となる。

1 L $= 1000$ mL $= 1000$ cm^3 だから，2分間で 1 Lの水が入ったとわかり，1分間で

入る水の量は，$1 \div 2 = 0.5$(L)となる。

2 求める時間が，「あと何分何秒か」であることに注意する。水そうの容積は $30 \times 15 \times 30 = 13500$($cm^3$)であり，

三角柱の体積は $(20 \times 15 \div 2) \times 15 = 2250$($cm^3$)だから，入る水の体積は，全部で $13500 - 2250 = 11250$(cm^3)である。

初めの2分間で 1000 cm^3 の水が入っているから，あと $11250 - 1000 = 10250$(cm^3)の水を入れるのにかかる時間を求め

る。1分間に 0.5 L $= 500$ cm^3 の水が入るから，10250 cm^3 の水が入るのに，$10250 \div 500 = 20.5$(分)かかる。

1分は 60 秒だから，0.5 分は $60 \times 0.5 = 30$(秒)であるため，求める時間は 20 分 30 秒となる。

6 **1** 図のアのグラフから，「強」の設定だと 4.5 時間で 5 Lの燃料を消費するとわかる。このことから，「強」のと

きの1時間あたりの消費量は，$5 \div 4.5 = \dfrac{10}{9}$(L)となる。したがって，イのグラフにおいて，設定を「強」にして

からの $6 - 3 = 3$ (時間)で，$\dfrac{10}{9} \times 3 = \dfrac{10}{3}$(L)の燃料を消費したとわかるから，「弱」の3時間で消費した燃料は

$5 - \dfrac{10}{3} = 1\dfrac{2}{3}$(L)となる。よって，①にあてはまる数は $1\dfrac{2}{3}$ である。

2 1の解説から，「弱」のときの1時間あたりの消費量は，$1\dfrac{2}{3} \div 3 = \dfrac{5}{9}$(L)とわかる。「強」の設定だと，5時

間で $\dfrac{10}{9} \times 5 = \dfrac{50}{9}$(L)の燃料を消費するから，5Lよりも $\dfrac{50}{9} - 5 = \dfrac{5}{9}$(L)多くなる。1時間の設定を「弱」にかえる

と，消費する燃料は $\dfrac{10}{9} - \dfrac{5}{9} = \dfrac{5}{9}$(L)減るから，「弱」で使用する時間は，$\dfrac{5}{9} \div \dfrac{5}{9} = 1$ (時間)である。よって，「弱」

で使い始めてから，1時間後に「強」にすればよい。

=== 《解答例》 ===

1　1．26　　2．$\dfrac{11}{80}$　　3．4：5　　4．120　　5．13　　6．165000

2　1．46　　2．181

3　1．84　　2．126

4　6

5　1．2：1　　2．7

6　1．3　　2．36

=== 《解　説》 ===

1　1　与式＝8＋6×3＝8＋18＝**26**

　　2　与式＝$\dfrac{3}{4}-\dfrac{3}{4}\times\left(\dfrac{2}{5}+\dfrac{5}{12}\right)=\dfrac{3}{4}-\dfrac{3}{4}\times\left(\dfrac{24}{60}+\dfrac{25}{60}\right)=\dfrac{3}{4}-\dfrac{3}{4}\times\dfrac{49}{60}=\dfrac{3}{4}\times\left(1-\dfrac{49}{60}\right)=\dfrac{3}{4}\times\dfrac{11}{60}=\dfrac{11}{80}$

　　3　Aさんが3km進むのにかかった時間を③，Bさんが5km進むのにかかった時間を④とする。Aさんは5km進むのに③×$\dfrac{5}{3}$＝⑤かかる。速さの比は，同じ道のりを進むのにかかる時間の逆比に等しいから，AさんとBさんの速さの比，$\dfrac{1}{⑤}:\dfrac{1}{④}$＝**4：5**

　　4　72ページは全体の$\left(1-\dfrac{1}{5}\right)\times\left(1-\dfrac{1}{4}\right)=\dfrac{3}{5}$にあたるから，全体のページ数は，72÷$\dfrac{3}{5}$＝**120**（ページ）

　　5　6の倍数は偶数のうちの3の倍数であり，3の倍数は各位の数の和が3の倍数になる。偶数であるためには，一の位が0か2か4でなければならない。

　　　一の位で場合分けをして考えると右表のようになり，6の倍数は**13**通りできるとわかる。

	和が3の倍数となるための残りの2枚	つくることができる3けたの整数
一の位が0の場合	1，2	120，210
	2，4	240，420
一の位が2の場合	0，1	102
	0，4	402
	1，3	132，312
	3，4	342，432
一の位が4の場合	0，2	204
	2，3	234，324

　　6　この年の日本における大麦の生産量の12％が19800 t だから，この年の日本における大麦の生産量は，19800÷$\dfrac{12}{100}$＝**165000**（ t ）

2　1に注目して数の並びをグループに分けてみると，以下のようになる。

　1｜1，3｜1，4，7｜1，5，9，13｜1，6，11，16，21｜1，7，…

　n番目のグループにはn個の数がふくまれ，数が1からnずつ大きくなっていることがわかる。

　また，1からxまでの連続する整数の和は，$\dfrac{(1+x)\times x}{2}$で求められることを利用する。

　1　10個目の「1」は10番目のグループの最初の数である。9番目のグループの最後までにある数の個数は，$1+2+\cdots+8+9=\dfrac{(1+9)\times 9}{2}=45$（個）だから，10個目の「1」は45＋1＝**46**（番目）である。

　2　$\dfrac{(1+19)\times 19}{2}=190$，$\dfrac{(1+20)\times 20}{2}=210$だから，最初から数えて200番目の数は，20番目のグループの200－190＝10（番目）の数である。よって，求める数は，1＋20×（10－1）＝**181**

3 1 $21 \times 8 \div 2 = 84\ (\mathrm{cm}^2)$

2 ＢＥ＝ＤＥであることに注目し，右図のように三角形
ＡＥＢと三角形ＡＥＤの位置を入れかえる。

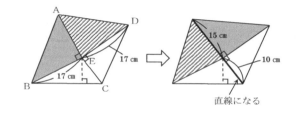

高さが等しい２つの三角形の面積の比は底辺の長さの比
に等しくなるから，三角形ＥＢＣと三角形ＡＥＤの面積
の比は，ＣＥ：ＡＥ＝10：15＝２：３となる。

よって，三角形ＡＥＤの面積は，$84 \times \dfrac{3}{2} = 126\ (\mathrm{cm}^2)$

4 ポンプ１台が１分でくみ出す水の量を１とする。ポンプ４台は16分で $1 \times 4 \times 16 = 64$ の水を，ポンプ７台
は８分で $1 \times 7 \times 8 = 56$ の水をくみ出すから，$16 - 8 = 8$（分）の間にプールに入れられた水の量は $64 - 56 =$
8 である。したがって，プールに入れる水の量は１分に $8 \div 8 = 1$ であり，水をくみ出しはじめたときに入
っていた水の量は $56 - 8 = 48$ である。ポンプ９台で水をくみ出すとき，プールの水は１分で $1 \times 9 - 1 = 8$
減るから，求める時間は，$48 \div 8 = 6$（分）

5 1 Ａ，Ｂ，Ｃ，Ｄの４つの部分はすべて三角柱だから，底面積の比と水の高さの比をかけ
あわせれば，水の体積の比を求められる。正六角形は右図の太い点線によって６つの合同
な正三角形に分けられる。この正三角形１つの面積を１とすると，色をつけた三角形の面

積は0.5だから，Ａ，Ｂ，Ｃ，Ｄの底面積の比は，

$(0.5 \times 2) : (0.5 \times 2 + 1) : (0.5 \times 2 + 1) : (0.5 \times 2) = 1 : 2 : 2 : 1$

Ａ，Ｂ，Ｃ，Ｄの水の高さの比は，$1 : \dfrac{1}{2} : \left(\dfrac{1}{2} \times \dfrac{1}{2}\right) : \left(\dfrac{1}{2} \times \dfrac{1}{2} \times \dfrac{1}{2}\right) = 8 : 4 : 2 : 1$

よって，Ａ，Ｂ，Ｃ，Ｄの水の体積の比は，$(1 \times 8) : (2 \times 4) : (2 \times 2) : (1 \times 1) = 8 : 8 : 4 : 1$
となるから，ＡとＣの水の量の比は，$8 : 4 = 2 : 1$

2 1の解説より，Ａ，Ｂ，Ｃ，Ｄの水の体積をそれぞれ⑧，⑧，④，①とする。
水の体積の和は⑧＋⑧＋④＋①＝㉑である。水の高さは水の体積に比例するから，もしすべての水をＡに
入れると，水の高さは $16 \times \dfrac{㉑}{⑧} = 42\ (\mathrm{cm})$ になる（容器から水があふれることはないとする）。水の高さは底面
積に反比例するから，この状態で３つの仕切りをすべて取り除くと，水の高さは $42 \times \dfrac{1}{6} = 7\ (\mathrm{cm})$ になる。

6 船の速さをまとめると右表のようになる。同じ道のりを進むのにかかる
時間の比は，速さの逆比に等しくなることを利用する。

	静水時	上り	下り
船ア	時速 15 km	時速 12 km	時速 18 km
船イ	時速 9 km	時速 6 km	時速 12 km

※川の流れの速さは時速３km

1 船イの上りの速さと，船アの下りの速さの比は，$6 : 18 = 1 : 3$ だから，
船イがＰ地点からＱ地点まで上るのにかかる時間と，船アがＱ地点からＰ地点まで下るのにかかる時間の
比は，$\dfrac{1}{1} : \dfrac{1}{3} = 3 : 1$ になる。よって，求める割合は**3倍**である。

2 船アがＰＱ間を上るのにかかる時間と，船アがＰＱ間を下るのにかかる時間の比は，$\dfrac{1}{12} : \dfrac{1}{18} = 3 : 2$ と
なる。したがって，船アがＰＱ間を下るのにかかる時間を②とすると，船アがＰＱ間を上るのにかかる時
間は $② \times \dfrac{3}{2} = ③$，船イがＰＱ間を上るのにかかる時間は $② \times 3 = ⑥$ となる。

したがって，$⑥ - (③ + ②) = ①$ が，船アがＱ地点にいた１時間にあたるから，⑥は $1 \times \dfrac{⑥}{①} = 6$（時間）にあ
たる。よって，求める道のりは，$6 \times 6 = 36\ (\mathrm{km})$

─── 《解答例》 ───

|1| 1．9　　2．$1\frac{1}{5}$　　3．24　　4．72　　5．16　　6．175

|2| 23

|3| 1．21　　2．7

|4| 1．24　　2．34

|5| 1．4620　　2．$9\frac{1}{11}$

|6| 1．150　　2．$833\frac{1}{3}$

─── 《解　説》 ───

|1| 1　与式＝$15-12\div18\times9＝15-6＝9$

2　与式＝$\frac{2}{9}\times18-\frac{1}{6}\times18+\left(\frac{1}{3}-\frac{1}{4}\right)\times\frac{12}{5}＝4-3+\frac{1}{3}\times\frac{12}{5}-\frac{1}{4}\times\frac{12}{5}＝1+\frac{4}{5}-\frac{3}{5}＝1\frac{1}{5}$

3　この直角三角形2つから，縦9㎝，横12㎝の長方形をつくる。この長方形をしきつめてできるもっとも小さい正方形の1辺の長さは，9と12の最小公倍数である36㎝である。

したがって，この長方形を縦に$36\div9＝4$（個），横に$36\div12＝3$（個）しきつめるから，直角三角形は全部で$2\times(4\times3)＝24$（個）必要である。

4　今日食べた12個は，昨日食べたあとの残りの個数の$1-\frac{3}{4}＝\frac{1}{4}$にあたるから，昨日食べたあとの残りの個数は$12\div\frac{1}{4}＝48$（個）である。48個は，おばあさんにもらった個数の$1-\frac{1}{3}＝\frac{2}{3}$にあたるから，おばあさんにもらった個数は$48\div\frac{2}{3}＝72$（個）である。

5　6月に増えた5人の男子のうちの1人が女子だったとすると，増えた人数の男女比は4：5になるから，6月の男女比も4：5のままになる。実際には6月の男女比は7：8であり，男子の人数と全体の人数の比は7：$(7+8)＝7$：15だから，男子1人を女子1人にすることで，男子の人数と全体の人数の比が4：$(4+5)＝4$：9になるような人数を考える。

6月の人数において，男子の割合は全体の$\frac{7}{15}$であり，男子1人を女子1人にすると，男子の割合は全体の$\frac{4}{9}$となるから，$\frac{7}{15}-\frac{4}{9}＝\frac{21}{45}-\frac{20}{45}＝\frac{1}{45}$が1人にあたる。したがって，6月の全体の人数は$1\div\frac{1}{45}＝45$（人）である。よって，5月の男子の人数は，$45\times\frac{7}{15}-5＝16$（人）

6　2010年の米の収入は，2013年の米の収入に等しく$200\times0.35＝70$（万円）だから，2010年の収入の合計は，$70\div0.4＝175$（万円）

|2| 実際の合計の値段と予想していた合計の値段の差は$3420-3120＝300$（円）だから，入れかえてしまった2種類の値段の差は300の約数であり，そのような2種類の値段は50円と100円だけである。実際の値段の方が予想していた値段よりも高かったので，実際に買った100円のおかしの個数は50円のおかしの個数よりも$300\div(100-50)＝6$（個）多いとわかる。

100円のおかし6個を除いた$67-6＝61$（個）のおかしの合計の値段は$3420-100\times6＝2820$（円）である。

50円のおかし1個と100円のおかし1個を合わせた150円セットを考え，10円のおかしと150円セットがそれぞれ何個あれば合計の値段が2820円になるか調べる。

61個がすべて10円だとすると，合計の値段は $10×61=610$（円）となり，実際よりも $2820−610=2210$（円）安い。おかしの合計の個数がかわらないように，61個の10円のおかしのうち2個を150円セット1個にかえると，合計の値段は $150−10×2=130$（円）高くなる。したがって，150円セットが $2210÷130=17$（個）あればよいから，3種類のおかしの個数は，10円が $61−2×17=27$（個），50円が17個，100円が $17+6=23$（個）である。

③ 1　右図のように補助線を引き，記号をおく。三角形ＢＣＤの面積から，

三角形ＢＣＦの面積と三角形ＣＤＦの面積を引いて，三角形ＢＤＦの面積を求める。

（三角形ＡＢＦの面積）＋（三角形ＣＤＦの面積）

$=AB×HF÷2+CD×IF÷2$

$=AB×HF×\dfrac{1}{2}+AB×IF×\dfrac{1}{2}$

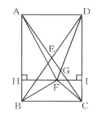

$=AB×\dfrac{1}{2}×(HF+IF)=AB×BC×\dfrac{1}{2}=140×\dfrac{1}{2}=70$（cm²）だから，

三角形ＣＤＦの面積は $70−42=28$（cm²）である。

三角形ＢＣＤの面積は長方形の面積の半分に等しく $140÷2=70$（cm²）だから，

三角形ＢＤＦの面積は，$70−28−21=\mathbf{21}$（cm²）

2　三角形ＤＥＧと三角形ＣＦＧは，それぞれ三角形ＣＤＥと三角形ＣＤＦから，三角形ＣＤＧを除いた

三角形だから，三角形ＣＤＥと三角形ＣＤＦの面積の差を求める。

三角形ＣＤＥの面積は長方形の面積の $\dfrac{1}{4}$ に等しく，$140×\dfrac{1}{4}=35$（cm²）

よって，三角形ＤＥＧの面積は，三角形ＣＦＧの面積より，$35−28=\mathbf{7}$（cm²）**大きい**。

④　1，2，3｜2，3，4｜3，4，5｜…のように，数の並びを3つずつのグループに分けると，

ｎ個めのグループはｎから始める連続する3つの整数であることがわかる。

1　はじめて10があらわれるのは「8，9，10」というグループの最後の数としてであり，

これは8個めのグループである。よって，10は $3×8=\mathbf{24}$（**番め**）である。

2　$100÷3=33$ 余り1より，100番めの数は34個めのグループの最初の数だから，**34**である。

⑤　1　図2を正面から見て，右図のように補助線を引き，記号をおく。

水が入っている部分は，底面が五角形ＦＧＩＪＬで高さが10cmの五角柱だから，

五角形ＦＧＩＪＬの面積を求めてから水の体積を求める。

三角形ＥＢＣと三角形ＥＧＫは同じ形の三角形だから，

$EC:EK=BC:GK=10:30=1:3$ より，$EC:CK=1:2$ となるため，

$EC=CK×\dfrac{1}{2}=(30−10)×\dfrac{1}{2}=10$（cm）

したがって，三角形ＥＢＣは直角二等辺三角形であり，三角形ＧＨＩ，三角形ＥＦＬも直角二等辺三角形

とわかる。これより，$HJ=EJ=30+10=40$（cm），$FL=EL=40−16=24$（cm），$HI=GI=10$ cmだ

から，五角形ＦＧＩＪＬの面積は，$(24+40)×16÷2−10×10÷2=462$（cm²）

よって，水の体積は，$462×10=\mathbf{4620}$（cm³）

2　1の解答より，水は1分あたり $4620÷6=770$（cm³）入っているとわかる。

1の解説の図において，五角形ＢＧＩＪＣの面積は $40×40÷2−(10×10÷2)×2=700$（cm²）だから，水そ

うの容積は $700×10=7000$（cm³）である。よって，求める時間は，$7000÷770=\dfrac{100}{11}=\mathbf{9\dfrac{1}{11}}$（**分間**）

⑥　1　4.5 km$=(1000×4.5)$ m$=4500$mだから，分速 $(4500÷30)$ m＝**分速150m**

2　しょうたさんの移動時間の合計は $30−6−9=15$（分）である。同じ道のりを進むのにかかる時間の比は，

速さの逆比に等しく，行きと帰りのしょうたさんの速さの比は 1：1.2 ＝ 5：6 だから，行きと帰りでしょうたさんがかかった時間の比は 6：5 である。したがって，帰りでかかった時間は $15×\dfrac{5}{6+5}=\dfrac{75}{11}$（分）だから，帰りのしょうたさんの速さは分速 $(4500÷\dfrac{75}{11})$ m ＝分速 660m である。

あゆみさんとしょうたさんがすれちがった地点を調べるためには，あゆみさんが家を出発してから 30 分後の時点から時間を巻きもどして考え，4500m はなれた地点から，あゆみさんが分速 150m，しょうたさんが分速 660m で向かい合って進んだときに出会う地点を調べればよい。

同じ時間移動するときに進む道のりの比は，速さの比に等しいから，4500m はなれた地点から，あゆみさんとしょうたさんが向かい合って進んだときに 2 人が出会うまでに進む道のりの比は 150：660 ＝ 5：22 である。したがって，あゆみさんは $4500×\dfrac{5}{5+22}=\dfrac{2500}{3}=833\dfrac{1}{3}$（m）進むから，求める長さも $833\dfrac{1}{3}$ m である。

平成 26 年度 解答例・解説

― 《解答例》 ―

1	1. 15　　2. 4　　3. 1800　　4. 448　　5. 88　　6. 3700
2	5，30
3	1. 10　　2. 20
4	1. $\dfrac{3}{4}$　　2. $8\dfrac{4}{7}$
5	1. 9，7　　2. 2331
6	1. 360　　2. $2\dfrac{1}{4}$

― 《解　説》 ―

1　1　与式＝12＋0.5×6 ＝12＋3 ＝**15**

2　与式＝ $2+\dfrac{33}{10}÷(\dfrac{2}{5}+\dfrac{5}{4})=2+\dfrac{33}{10}÷(\dfrac{8}{20}+\dfrac{25}{20})=2+\dfrac{33}{10}÷\dfrac{33}{20}=2+\dfrac{33}{10}×\dfrac{20}{33}=2+2=$ **4**

3　本を買ったあとに残ったお金は $400÷(1-\dfrac{2}{3})=400÷\dfrac{1}{3}=1200$（円）である。これはおばあさんにもらったこづかいの $1-\dfrac{1}{3}=\dfrac{2}{3}$ にあたるから，求める金額は，$1200÷\dfrac{2}{3}=1200×\dfrac{3}{2}=$ **1800**（円）

4　男子と女子の人数の比の数の差の 9－7 ＝ 2 が 56 人にあたる。

また，男子と女子の合計の人数は，男子と女子の人数の比の数の和の 7＋9 ＝ 16 にあたる。

よって，求める人数は，$56×\dfrac{16}{2}=$ **448**（人）

5　5－3 ＝ 2，6－4 ＝ 2 より，5 で割ると 3 あまり，6 で割ると 4 あまる整数は，2 を加えると 5 と 6 の公倍数になる。5 と 6 の公倍数は，5 と 6 の最小公倍数 30 の倍数だから，99÷30 ＝ 3 あまり 9 より，求める整数に 2 を加えた数が 30×3 ＝90 となる。よって，求める整数は，90－2 ＝**88**

6　福岡県の生産量 777 t は，この年の日本の生産量の合計の 21％にあたるから，求める生産量は，$777÷\dfrac{21}{100}=$ **3700**（t）

2　16 と 8 の最小公倍数は 16 だから，この仕事の作業の量を⑯とすると，1 時間働いてする作業の量は，たけしさんが⑯÷16 ＝①，お父さんが⑯÷8 ＝②と表せる。2 人がいっしょに 3 時間 30 分＝3.5 時間働くと，（①＋②）×3.5 ＝⑩.5 の作業が終わるから，残りの⑯－⑩.5 ＝⑤.5 の作業をたけしさん 1 人でする。

よって，求める時間は，⑤.5÷① ＝5.5（時間），つまり **5 時間 30 分**となる。

3　1　燃えた線香の長さは時間に比例する。線香Aの長さは 18 分で 15 cm 燃えたから，6 分で $15 \times \dfrac{6}{18} = 5$ (cm)

　　　燃えるとわかる。よって，火をつけてから 6 分後の線香Aの長さは 15 − 5 ＝ **10 (cm)** となる。

　　2　線香Bは火をつけてから 6 分後の長さが 10 cm であり，そのあとの 12 − 6 ＝ 6 (分) で 10 cm 燃えたとわか

　　　る。したがって，はじめの 6 分でも 10 cm 燃えたから，はじめの線香Bの長さは，10 ＋ 10 ＝ **20 (cm)**

4　1　三角形DEBと三角形DFBは，底辺をそれぞれED，DFとしたときの高さが 6 cm で等しいから，こ

　　　れらの面積の比は底辺の長さの比に等しい。ED ＝ $6 \times \dfrac{1}{2} = 3$ (cm)，DF ＝ $6 \times \dfrac{2}{3} = 4$ (cm) だから，三角

　　　形DEBと三角形DFBの面積の比は 3 : 4 となるため，三角形DEBの面積は三角形DFBの面積の 3

　　　÷ 4 ＝$\dfrac{3}{4}$**(倍)** となる。

　　2　三角形DEBと三角形DFBの底辺をともにBDとしたときの高さの比は，これらの面積の比に等しく

　　　3 : 4 となる。

　　　つまり，三角形BEGと三角形BFGの底辺をともにBGとしたときの高さの比も 3 : 4 だから，三角形

　　　BEGと三角形BFGの面積の比も 3 : 4 とわかり，EG : FG ＝ 3 : 4 とわかる。

　　　したがって，FG : EF ＝ 4 : (3 ＋ 4) ＝ 4 : 7 となるから，三角形BEFの面積がわかれば三角形BF

　　　Gの面積を求めることができる。

　　　三角形BEFの面積は，三角形DEBと三角形DFBの面積の和から，三角形DEFの面積を引けば求め

　　　られ，(3 × 6 ÷ 2 ＋ 4 × 6 ÷ 2) − 3 × 4 ÷ 2 ＝ 15 (cm²) である。

　　　よって，三角形BFGの面積は，$15 \times \dfrac{4}{7} = \dfrac{60}{7} = $ **8$\dfrac{4}{7}$ (cm²)**

5　1　各段の右端(みぎはし)の数に注目すると，1 段目は 1 ＝ 1 × 1，2 段目は 4 ＝ 2 × 2，3 段目は 9 ＝ 3 × 3，4 段

　　　目は 16 ＝ 4 × 4，…となっており，n 段目はn×nとなる。したがって，8 段目の右端の数は 8 × 8 ＝ 64，

　　　9 段目の右端の数は 9 × 9 ＝ 81 だから，71 は**9 段目の左端から** 71 − 64 ＝ **7 (番目)** の数である。

　　2　aからbまで等間隔(とうかんかく)で増えるx個の数の和は$\dfrac{(a + b) \times x}{2}$で求められることを利用する。

　　　10 × 10 ＝ 100，11 × 11 ＝ 121 より，111 がある段は 11 段目である。

　　　11 段目には 101 から 121 までの 121 − 101 ＋ 1 ＝ 21 (個) の整数が並ぶから，求める和は，$\dfrac{(101 + 121) \times 21}{2} = $**2331**

6　1　面AEFBに右図のように補助線を引いて記号をおけば，水が入っている

　　　部分は，底面が台形PEFQで高さが 16 cm の四角柱と考えることができる。

　　　したがって，大きさの異なる同じ形の三角形の対応する辺の長さの比は等し

　　　いことを利用して，PQの長さを求める。

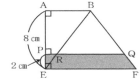

　　　直角三角形PREとABEにおいて，PR : AB ＝ RE : BE ＝ PE : AE ＝ 2 : 8 ＝ 1 : 4 だから，P

　　　Rの長さは，$6 \times \dfrac{1}{4} = 1.5$ (cm)

　　　三角形BRQとBEFにおいて，RQ : EF ＝ BR : BE ＝ (4 − 1) : 4 ＝ 3 : 4 だから，RQの長さは，

　　　$12 \times \dfrac{3}{4} = 9$ (cm)

　　　以上より，PQの長さは 1.5 ＋ 9 ＝ 10.5 (cm) となるから，求める体積は，{(10.5 ＋ 12) × 2 ÷ 2} × 16 ＝

　　　360 (cm³)

　　2　図 2 において，求める高さを h cm とすると，入っている水の体積は(長方形BFGCの面積)× h で求め

　　　られる。長方形BFGCの面積は 16 × 10 ＝ 160 (cm²) だから，求める高さは，360 ÷ 160 ＝ $\dfrac{9}{4} = $ **2$\dfrac{1}{4}$ (cm)**

═══════════════════ 《解答例》 ═══════════════════

1　1．47　　2．10　　3．126　　4．8, 10　　5．92　　6．75

2　2

3　1．$\dfrac{5}{24}$　　2．52

4　1．12　　2．52

5　1．9　　2．440

6　1．75　　2．6

═══════════════════ 《解　説》 ═══════════════════

1　1　与式＝40＋14×8÷16＝40＋7＝**47**

　　2　与式＝2＋2.8÷(0.75−0.4)＝2＋2.8÷0.35＝2＋8＝**10**

　　3　残っている54ページは，全体のページ数の $1-\dfrac{4}{7}=\dfrac{3}{7}$ にあたる。

　　　よって，この本の全体のページ数は全部で，$54\div\dfrac{3}{7}=$**126**（ページ）

　　4　北町行きと南町行きのバスが同時に発車するのは，午前6時40分から15と18の公倍数の時間がすぎ
　　　たときである。15＝3×5，18＝3×3×2より，15と18の最小公倍数は3×5×3×2＝90だから，午
　　　前6時40分の次に同時に発車する時刻は，その90分後で，午前6時40分＋90分＝**午前8時10分**

　　5　5で割っても6で割っても2あまる整数は，5と6の公倍数よりも2大きい数である。
　　　5と6の最小公倍数は5×6＝30だから，5で割っても6で割っても2あまる2けたの整数は，
　　　30×1＋2＝32，30×2＋2＝62，30×3＋2＝92がある。
　　　このうち，7で割ったときのあまりが1になる整数は，32÷7＝4あまり4，62÷7＝8あまり6，
　　　92÷7＝13あまり1より，**92**である。

　　6　円グラフより，この年の長野県のりんごの生産量13.8万tは，この年の日本のりんごの生産量の18.4%
　　　にあたるから，$13.8\div\dfrac{18.4}{100}=$**75**（万t）

2　代金の合計の下2けたの数に注目すると，60となっている。ノートの値段で下2けたの数が00でないのは
　80円と150円であり，これらをそれぞれ何倍かした数の和の下2けたが60となるには，1冊80円のノートの
　冊数が2冊，7冊，12冊，17冊のいずれかであり，1冊150円のノートの冊数が偶数であればよい。また，1
　冊80円のノートの冊数が1冊200円のノートの冊数の2倍であることから，1冊80円のノートの冊数は偶数と
　わかる。以上のことから，1冊80円のノートは2冊か12冊となる。
　　1冊80円のノートが2冊だとすると，1冊200円のノートは2÷2＝1（冊）となり，1冊150円のノートは
　20−2−1＝17（冊）となる。1冊150円のノートの冊数が偶数ではないから，1冊80円のノートの冊数は2

冊ではないとわかる。

1冊80円のノートが12冊だとすると，1冊200円のノートは12÷2＝6（冊）となり，1冊150円のノートは20－12－6＝2（冊）となり，偶数になる。また，この場合の代金の合計は

80×12＋150×2＋200×6＝960＋300＋1200＝2460（円）となり，条件にあう。

よって，1冊150円のノートの冊数は，**2冊**となる。

③ 1　AとCを結び，三角形EBCの面積を①とする。

三角形EBCと三角形ABCにおいて，底辺をそれぞれEB，ABとしたときの高さが等しいから，面積の比は底辺の長さの比に等しく，EB：AB＝1：（2＋1）＝1：3

このことから，三角形ABCの面積は①×3＝③と表せる。

また，三角形ABCと三角形ACDにおいても同様に考えると，BC：AD＝10：6＝5：3より，三角形ACDの面積は③×$\frac{3}{5}$＝$\boxed{\frac{9}{5}}$となる。

台形ABCDの面積は，三角形ABCと三角形ACDの面積の和に等しく③＋$\boxed{\frac{9}{5}}$＝$\boxed{\frac{24}{5}}$だから，三角形EBCの面積は，台形ABCDの面積の，①÷$\boxed{\frac{24}{5}}$＝$\frac{5}{24}$（倍）

2　1と同様に，三角形EBCの面積を①として考える。

ADとBCが平行だから，三角形ABDの面積は三角形ACDの面積に等しく$\boxed{\frac{9}{5}}$である。また，三角形ABDと三角形AEDにおいて，底辺をそれぞれAB，AEとしたときの高さが等しいから，面積の比は底辺の長さの比に等しく，AB：AE＝3：2より，三角形AEDの面積は，$\boxed{\frac{9}{5}}$×$\frac{2}{3}$＝$\boxed{\frac{6}{5}}$である。

台形ABCDの面積が96cm²だから，三角形EBCの面積は，96×$\frac{5}{24}$＝20（cm²）

三角形AEDの面積は，20×$\frac{6}{5}$＝24（cm²）

三角形ECDの面積は，台形ABCDの面積から，三角形EBCの面積と三角形AEDの面積を引けば求められ，96－20－24＝**52（cm²）**

④ 1　この展開図を組み立てると，右図のような立体ができる。斜線をつけた面と平行になる辺は，斜線をつけた面と平行な⑦，⑦，⑦の3つの面の辺である。

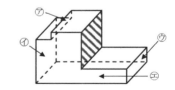

1つの面に辺が4本あるから，全部で4×3＝**12（本）**とわかる。

2　この立体は，1の解説の図の⑦の面を底面とすると，高さは4cmとなる。⑦の面は，たて1＋2.5＝3.5（cm）で横6cmの長方形から，たて2.5cmで横3cmの長方形とたて0.5cmで横1cmの長方形を切り取った図形だから，その面積は，3.5×6－2.5×3－0.5×1＝13（cm²）　よって，求める体積は，13×4＝**52（cm³）**

⑤ 1　この表には，□という数字が□個並んでいる。

このことから，1から□の最後の数までに並んでいる数の個数は，（1＋2＋3＋…＋□）個となる。

38＝1＋2＋3＋4＋5＋6＋7＋8＋2より，38番目の数字は，2個目の**9**である。

2　60＝1＋2＋3＋4＋5＋6＋7＋8＋9＋10＋5より，60番目の数字は，5番目の11である。60番目までに，1が1個，2が2個，3が3個，…，10が10個，11が5個並んでいるから，これらの和は，

1×1＋2×2＋3×3＋…＋10×10＋11×5＝1＋4＋9＋16＋25＋36＋49＋64＋81＋100＋55＝**440**

$\boxed{6}$　1　すみれさんは，家から学校までの 1500m の道のりを 20 分かけて歩くから，1500÷20＝75 より，歩く速さは**分速 75m**である。

2　異なる速さで同じ道のりを進むとき，かかる時間は速さに反比例する。このことから，再び家を出発してから学校に着くまでにかかった時間は $20\times\dfrac{1}{2}＝10$（分）となる。再び家を出発したのは，家にもどってから 1 分後だから，家にもどった時刻は，8 時 20 分－10 分－1 分＝8 時 9 分

つまり，8 時ちょうどに家を出てから，忘れ物に気がついて家にもどるまでにかかった時間は

8 時 9 分－8 時＝9 分である。

家を出てから忘れ物に気がつくまでに歩いた時間と，忘れ物に気がついてから家にもどるまでに走った時間の比は，速さの逆比に等しく $\dfrac{1}{1}:\dfrac{1}{2}＝2:1$ となるから，忘れ物に気がついたのは，はじめに家を出た $9\times\dfrac{2}{1+2}＝6$（分後）である。

よって，求める時刻は，8 時＋6 分＝**8 時 6 分**

社 会

平成 31 年度 解答例・解説

《解答例》

1. 1. あ. ② い. ④ う. ⑤　2. ウ, エ　3. 太平洋ベルト

2. 1. ウ　2. イ　3. エ

3. 1. ②　2. ア, オ　3. 時代…き　組み合わせ…オ

4. 1. ア, イ　2. アメリカとの関税自主権の回復　3. ア→ウ→イ

5. 1. 条例　2. エ　3. ア

《解説》

1. 1.　「あ」と「う」について，グラフ2の人口の単位が「万人」であることに注意しよう。1990年と2015年の林業で働く人口を比較すると，<u>現役世代は約50000人，高齢世代は約3000人減少している</u>。「い」について，グラフ1より，<u>国産木材の価格は，70000，50000，40000，30000，25000，20000円／㎡と年代が進むにつれて下がっている</u>。

2.　ウとエが正しい。愛知県は中京工業地帯，神奈川県は京浜工業地帯，大阪府は阪神工業地帯に位置する。

3.　太平洋ベルトは，高度経済成長期の1960年代，政府が京浜・阪神などの工業地帯の中間地域を開発して太平洋沿岸を帯状に結ぶ構想を打ち出してから瀬戸内や東海地方に新しい工業地域がつくられ，日本の経済発展の中心的な役割を果たしてきた。

2. 1.　東京は夏の南東季節風の影響を受け夏の降水量が多いので，夏から秋にかけて降水量が高い「あ」の雨温図を選ぶ。「い」は，北西季節風の影響を受け冬の降水量が多い日本海側の都市の雨温図である。

2.　①関東平野を流れる利根川は，日本最大の流域面積の川である。信濃川とその上流の千曲川は，新潟県と長野県にまたがる日本最長の川である。

②・③・④略地図のAは東京，Bは岐阜県の位置である。東京の真北に位置する福島県は同経度，真西に位置する岐阜県は同緯度である。

⑤日本近海の海流については右図参照。

3.　エが正しい。日本の端については右下表参照。

3. 1.　古い順に，③奈良時代→④平安時代→②鎌倉時代→①室町時代となる。

2.　アとオが正しい。足利義満が明とはじめた貿易は，正式な貿易船と海賊行為を行う倭寇を区別するために勘合という合札を用いたため，勘合貿易とも呼ばれる。イは飛鳥時代，ウとエは江戸時代の説明である。なお，資料1は雪舟筆の「天橋立図」である。

3.　資料2は本居宣長で，『古事記伝』を書いた国学者である。「時代の様子」について，関所の廃止などの政策（楽市・楽座）は戦国時代，農民に，租（稲の収穫高の3％を地方の国に納める）・調（絹，麻や地方の特産品などを都に納める）などの税や防人が課せられたのは奈良時代である。「人物の説明」について，杉田玄白が『解体新書』

最北端		最西端	
島名	所属	島名	所属
択捉島	北海道	与那国島	沖縄県
最東端		最南端	
島名	所属	島名	所属
南鳥島	東京都	沖ノ鳥島	東京都

を著したのは江戸時代, 観阿弥・世阿弥親子が足利義満の保護を受けて能を完成させたのは室町時代である。

4 資料中のできごとは, 岩倉使節団の派遣が 1871 年, 日清戦争の開始が 1894 年, 女性の参政権認定が 1946 年, 東海道新幹線の開通が 1964 年である。

1 アとイが正しい。徴兵令の公布は 1873 年, 大日本帝国憲法の発布は 1889 年, 普通選挙法の制定は 1925 年, 国際連盟脱退は 1935 年のできごとである。

2 不平等条約の改正については, 1894 年, 外務大臣陸奥宗光がイギリスとの間で領事裁判権(治外法権)の撤廃に成功し, 1911 年, 外務大臣小村寿太郎がアメリカとの間で関税自主権の完全回復に成功したことを覚えておこう。

3 古い順に, ア. 朝鮮戦争の開始(1950 年)→ウ. サンフランシスコ平和条約の締結(1951 年)→イ. 日本の国際連合加盟(1956 年)となる。

5 1 地方公共団体の住民は, 直接請求権として, 条例の制定・改廃のほか, 首長の解職(リコール)なども直接求めることができる。

2 エが正しい。アとイは内閣, ウは裁判所のもつ権限である。

3 アが正しい。　①不適切だと考えられる裁判官をやめさせるかどうかを国会議員から選ばれた裁判員が裁判することを弾劾裁判という。　②最高裁判所は, 裁判所がもつ法律や政令に対する違憲立法審査権について最終的な判断を下すことから, 「憲法の番人」と呼ばれている。　③国民審査は, 最高裁判所の裁判官の適任・不適任を審査する制度である。　なお, 最高裁判所長官の任命は天皇, 国会の召集の決定は内閣が行う。

━━━━━━━━━━━━━━━━━━━ 《解答例》 ━━━━━━━━━━━━━━━━━━━

1 　1．ウ　　2．ア　　3．トレーサビリティ

2 　1．イ　　2．エ　　3．ウ

3 　1．イ　　2．エ　　3．ア

4 　1．エ　　2．イ　　3．エ

5 　1．さいばんいん　　2．ア，イ　　3．ウ

━━━━━━━━━━━━━━━━━━━ 《解　説》 ━━━━━━━━━━━━━━━━━━━

1 　1　ウ　①アメリカ合衆国での生産が多く，フランスや中国での生産が少ない作物は，大豆である。大豆の生育に
は，根粒菌が必要なことから，フランスをはじめとしたヨーロッパでは大豆はほとんど生産できない。また，グラ
フから，わが国の自給率が7％程度であることからも大豆と判断できる。　②　フランス以外の3か国の自給率が
100を超えていること，わが国の自給率が94％と高いことから，米と判断する。

　2　ア　国の食糧管理制度によって，米は政府管理米として値段が管理されていた。しかし，食生活の多様化によ
って，米の消費量が減ってくると，生産調整として減反政策を行い，田を畑にかえる転作が進められた。

　3　トレーサビリティは，食品の安全性を確保するために，生産・加工・流通などの過程を明確にする制度である。

2 　1　自然災害の避難場所として，右図のような
ピクトグラムが新たにつくられた。
イは津波から避難するための津波避難タワーで
ある。アは地震対策の耐震補強，ウは土石流を
防ぐための砂防ダム，エは洪水を防ぐための地下貯水池(地下ダム)である。

土石流　　洪水・　　　津波・高潮　　大規模　　　崖崩れ・
　　　　　内水氾濫　　　　　　　　　な火事　　　地すべり

　2　スマートフォン，パソコン，テレビ，携帯電話の中で登場が最も遅いのがスマートフォンだから，エと判断す
る。アは普及率が高いことからテレビ，イはスマートフォンが登場するとともに普及率が減っていることから携帯
電話，ウはパソコンである。

　3　ウが適切である。　ア．普段から情報を送る場合は，情報の正確さや管理などに気をつけなければならない。
イ．緊急時でも個人情報の取り扱いには細心の注意を払わなければならない。エ．普段から知らない相手からのメー
ルを受け取ったり，開いたりしない習慣をつけたい。

3 　1　イが正しい。　ア．飛鳥時代，中国の唐の都にならって建設したのは，平城京ではなく藤原京である。
ウ．日明貿易は，西日本の港で活発に行われ，横浜は幕末まで港湾としての機能はなかった。エ．朝鮮通信使が日
本を訪れたのは江戸時代である。

　2　Aの時代は奈良時代であり，活躍した人物は鑑真である。鑑真を招いた天皇は聖武天皇だから，聖武天皇の遺
品や愛用品が納められた写真エの正倉院を選ぶ。写真アは平等院鳳凰堂(藤原頼通)，写真イは法隆寺(聖徳太子)，

写真ウは大阪城(豊臣秀吉)である。

3 エ. 正倉院の白瑠璃碗(奈良時代)→イ. 雪舟の『秋冬山水図－冬景』(室町時代)→ア. 鉄砲伝来(戦国時代)→ウ. 『解体新書』(江戸時代)

4 1 沖縄県の設置は, 1879 年の琉球処分のときだから, エの「蝦夷地を北海道と改めた」が最も近い。蝦夷地が北海道と改められたのは, 函館戦争直後の 1869 年のことである。アは 1911 年, イは 1904 年, ウは 1933～1935 年のことである。

2 沖縄の本土復帰は 1972 年のことだから, ②東京オリンピック(1964 年)と③日中平和友好条約(1978 年)の間のイの時期にあたる。日本国憲法公布は 1946 年, 阪神淡路大震災は 1995 年のことである。

3 1951 年に結んだ日米安全保障条約と 1960 年に結んだ日米新安全保障条約によって, アメリカ軍の日本駐留が認められている。沖縄県には, 日本にあるアメリカ軍基地の 7 割が存在する。

5 1 3 人の裁判官の両側に 6 人の国民がいることから裁判員制度と判断する。

2 アとイが正しい。裁判員制度は, 国民の感覚を裁判に活かし, 裁判をより身近なものとするために導入され, くじで選ばれた 6 名の裁判員と 3 名の裁判官によって, 重大な刑事裁判の第 1 審で審議され, 被疑者の有罪・無罪を判断し, 有罪であればその量刑まで判断する。

3 国民は, 国政選挙によって国会議員を選出し, 世論を形成して内閣の政治に関与し, 国民審査で最高裁判所の裁判官の罷免(辞めさせること)か継続かを審議する。

平成㉙年度 解答例・解説

═══════════ 《解答例》 ═══════════

1 1. あ. ① い. ④ う. ⑤ 2. ア 3. エ

2 1. イ 2. ウ 3. 語句…情報 記号…エ

3 1. ② 2. エ 3. ア, ウ, エ

4 1. 番号…① 記号…イ 2. ウ 3. 国際連合

5 1. ウ 2. イ 3. 象徴

═══════════ 《解 説》 ═══════════

1 1 写真 1 と写真 2 を比べると, 八女市の小ぎく栽培はビニルハウスを使っていることがわかるから, 冬でも温度を下げない工夫をしていると判断し, 「あ」は①の温度を, 「い」は④の冬を選ぶ。沖縄の電照ぎくは, ビニルハウスを利用する必要がないことから, 「う」は⑤を選ぶ。

2 他の産地からの出荷量が少ないと, 商品が高値で取引されるという利点がある。また, 資料 1 から沖縄県の小ぎくは 12 月, 3 月に多く出荷されていることがわかるから, アが正答と判断する。

3 平張りしせつは, 防虫対策と台風対策のために考えられたもので, 虫除け用の網目と, 台風用のより細かな網目の 2 重のネットで覆われたものが多い。花や果実は暴風に弱いため, 通常時は虫除け用の網を使用し, 台風が来た時には, より細かな網まで使用して, 中の植物を暴風から守る工夫をしている。

2 1あ 資料 1 から定規の 1 cmが実際の 10 kmにあたるとわかるから, 10×8＝80(km) い 地図 1 と地図 2 を比べると, 2008 年には九州の各地が結ばれていることから, この線を高速道路と判断する。

2　地図中の部品工場やエンジン工場が九州北部に集中していることから，鹿児島県が遠い場所である点で工場が建てられていない理由を考える。

③　1　③仏教伝来(古墳時代)→④遣隋使の派遣(飛鳥時代)→②聖武天皇(奈良時代)→①かな文字・枕草子(平安時代)

2　資料1の慈照寺銀閣は，室町時代の8代将軍足利義政によって建てられた。また，足利義政の跡とり問題がきっかけで起こった乱が応仁の乱である。資料2の有田焼は，豊臣秀吉が朝鮮出兵を行った際，佐賀藩が朝鮮から連れてきた多くの陶工たちによって焼かれ始めた磁器である。よって，エが正答になる。

3　資料3は踏絵とそれを踏んでいる様子だから，江戸時代の記述を選べばよい。イ．安土桃山時代に織田信長が行ったことである。オ．戦国時代の山城国一揆の記述と考えられる。

④　1　写真1は陸奥宗光であり，1894年，治外法権(領事裁判権)の撤廃に成功したときの外務大臣である。小村寿太郎は，1911年，関税自主権の完全回復に成功したときの外務大臣である。
八幡製鉄所の操業(1901年)，新婦人協会の設立(1919年)，サンフランシスコ講和会議(1951年)，
日本万国博覧会(1970年)

小村寿太郎

2　新婦人協会の設立は，婦人の地位を高める運動として，大正デモクラシーを代表するものである。アとエは昭和時代，イは明治時代の社会のようすである。

3　1951年，アメリカを中心とする48か国とわが国の間にサンフランシスコ平和条約が調印されたことで，日本の国際社会への復帰が認められた。その後，1956年に当時のソ連と日ソ共同宣言に調印したことで，国際連合への加盟を反対する常任理事国がなくなり，日本の国際連合加盟が実現した。

⑤　1　災害に対する自衛隊への派遣は，各都道府県知事から要請される。　　2　災害に対する対応は，行政の仕事の1つであることからイの内閣と判断する。国会は立法，裁判所は司法を担当する。

3　日本国憲法第1条で，天皇は，日本国と日本国民統合の象徴と規定されている。

━━━━━━━━━━ 《解答例》 ━━━━━━━━━━

1. 1．エ　　2．記号…イ　県…山形　　3．海流…対馬海流　記号…ウ

2. 1．イ　　2．ア　　3．②エ　③イ

3. 1．記号…ア　武士…御家人　　2．作者…歌川広重　記号…エ　　3．ウ

4. 1．記号…ア　工場…富岡製糸場　　2．田中正造　　3．ウ

5. 1．あ．選挙　①15　②25　　2．非核三原則　　3．エ

━━━━━━━━━━ 《解　説》 ━━━━━━━━━━

1. 1．資料は，輪中と呼ばれる地域でよくみられる工夫である。河川の氾濫が多い低地(三角州)では，堤防で周囲をめぐらせ，なかでも家屋(資料では母屋や水屋)などの重要な建物

名称	形成される場所	主な土地利用
扇状地	山間部から平地に出た付近	水はけがよいため，果樹園
三角州	河口付近	水持ちがよいため，水田

は土を盛るなどして周囲より高いところに建てられている。したがって，エの三角州が正答となる。アの扇状地とエの三角州のちがいは右上表参照。

2．ア．岩手県　イ．山形県　ウ．岐阜県　エ．福岡県　「夏に乾いた風が吹く」より，日本海側に位置する県だと判断する。夏に南東から吹く季節風は，奥羽山脈にぶつかって太平洋側の岩手県や宮城県に雨を降らせ，秋田県や山形県に晴天をもたらす。また，「雪解け水」から，比較的高緯度に位置する東北地方が適当だと判断しよう。冬が終わり春になると，気温が上がり，山に積もった雪が解け始める。川に流れこんだ雪解け水は，米作りや野菜作りに用いられる。

3．日本周辺を流れる海流について，右図参照。記号について，北西から吹く季節風が日本海をわたるときに，暖流の対馬海流上空で蒸発した水分を大量に含むため，日本海側では大雪が降る。したがって，ウの雪害が最も適当となる。

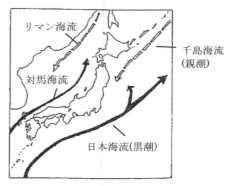

2. 1．イ．燃料電池は，「水素」と「酸素」の化学反応によって電気エネルギーを発生させる装置である。アの電気自動車は，電動モーターだけで稼働する自動車である。ウのハイブリッド車は，エンジンと電気モーターを組み合わせて動く自動車である。エのクリーンディーゼル車は，ディーゼルというエンジンで動く，環境に配慮した自動車である。

2．「すべての人にとって使いやすい形や機能を考えたデザイン」をユニバーサルデザインという。身近な具体例として，駅の自動改札機の通路幅を車いすの人でも通れるように広くすること，などがある。アのエアバッグ装置は安全のために取り付けられているものなので，「使いやすい形や機能を考えた」ユニバーサルデザインとは直接関連しない。

３．①は，2009 年時点で全体に占める割合が最も高いから自動車である。④は，1965 年も 2009 年も全体に占める割合がほんのわずかだから航空輸送である。②と③で，③は 1965 年時点では②に次いで２番目に使われることの多い輸送手段だったが，2009 年時点になると全体に占める割合が大きく減少している。よって，③は鉄道輸送である。貨物列車は，高速道路網の発達とともに次第に使われる機会が減少していった。残った②は船舶輸送である。船による輸送は，1965 年時点でも 2009 年時点でも変わらず主力として用いられている。

③　１．あ・い．守護は国ごと，地頭は荘園や公領ごとにおかれた。　う・え．将軍は，御恩として御家人らの以前からの領地を保護したり，新たな土地を与えたりした。御家人は，奉公として京都や幕府の警備についたり，命をかけて戦ったりした。

２．「東海道五十三次」は，江戸時代の化政文化の頃に歌川広重によって描かれた浮世絵である。アは，平安時代の文学作品『源氏物語』に絵を付けた『源氏物語絵巻』である。イは，室町時代につくられた銀閣と同じ敷地にある東求堂同仁斎で，書院造の代表例として知られる。ウは，飛鳥時代に聖徳太子によってつくられた法隆寺である。エは，江戸時代に始まった人形浄瑠璃のようすである。人形浄瑠璃の脚本家として近松門左衛門が特に知られている。

３．①写真の石垣(防塁)は，鎌倉時代，元・高麗連合軍の博多湾上陸を防ぐためにつくられたものである。②は江戸時代の浮世絵である(２の解説を参照)。③は室町時代，画僧の雪舟によって描かれた水墨画『秋冬山水図』である。④は弥生時代の集落の復元図である。したがって，④→①→③→②の順となるから，ウが正答。

④　１．開国以来，生糸は日本の主要な輸出品だったが，輸出の急増により生糸の品質が低下してしまった。そのため，生糸の品質を高めることや生産技術を向上させることを目的に，1872 年，群馬県に官営模範工場の富岡製糸場がつくられた。

２．明治時代，足尾銅山の開発が進められると，この鉱山から流れ出た鉱毒が渡良瀬川に流入した。この問題の解決に，衆議院議員の田中正造が力を尽くし，明治天皇に直訴を行おうとしたことで知られている。

３．高度経済成長の始まった 1950 年代後半から，三種の神器(電気洗濯機・電気冷蔵庫・白黒テレビ)が一般家庭に広く普及した。その後，1960 年代後半以降には，「カラーテレビ(Color television)」「自動車(Car)」「クーラー(Cooler)」が普及し，これらはその頭文字を取って３Ｃと呼ばれた。エのコンピュータ(パソコンなど)は，2000 年代に一般家庭に広まった電化製品である。

⑤　１．1890 年，直接国税を 15 円以上納める満 25 歳以上の男子に限って選挙権が与えられ，第１回衆議院議員選挙が実施された。選挙権は，1925 年に納税額に関わらず満 25 歳以上の男子に与えられ，1945 年に満 20 歳以上の男女に与えられた。さらに，2015 年に公職選挙法が改正され，2016 年夏の参議院議員通常選挙から満 18 歳以上の男女に与えられることになったので，合わせて覚えておこう。

２．非核三原則は，佐藤栄作首相が打ち出した方針である。1974 年，この原則に基づく政治・外交が評価され，佐藤栄作はノーベル平和賞を受賞した。

３．エ．条例は法律の範囲内で制定することができる。また，その地方自治体に住む住民が一定数の署名を集めることで条例の制定や改廃を首長に請求することができるので，合わせて覚えておこう。アの法律は国会が制定する。イの規則やウの命令は内閣が制定する。

━━━━━━━━━━━━━━━━ 《解答例》 ━━━━━━━━━━━━━━━━

1　1．エ　　2．ウ　　3．都道府県庁所在地…さっぽろ　雨温図…イ

2　1．加工貿易　　2．ア　　3．エ

3　1．ア　　2．道具…ア　目的…ク　　3．記号…ウ　地名…うらが

4　1．エ　　2．ウ　　3．日中平和友好

5　1．立法　　2．イ　　3．け

━━━━━━━━━━━━━━━━ 《解　説》 ━━━━━━━━━━━━━━━━

1　1．エ．「台風を防ぐための工夫」が見られるのは，沖縄県の家屋である。沖縄県の伝統的な家屋は，台風の被害を防ぐため，屋根を低くして瓦をしっくいで固め，家屋の周囲を石垣や防風林で囲っている。あけみさんの住んでいる県が沖縄県であることは，「年間の平均気温が20度をこえます」や『『さんごしょう』があり，とてもきれいです」などからも確かめられる。

アは洪水の被害が多い輪中地域に見られる家屋，イは冬の降雪量が多いため屋根に雪が積もらないように傾斜を急にしている日本海側の家屋，ウは岐阜県・富山県に見られる合掌造りの家屋である。

2．ウ．右表参照。あけみさんが住んでいる沖縄県に属するのは，与那国島である。

3．さとるさんの発言を見ると，「気温が0度以下の日が多い」・「冬になると氷（流氷）がおしよせてきます」・「周りをすべて海で囲まれている」

最北端		最西端	
島名	所属	島名	所属
択捉島	北海道	与那国島	沖縄県
最東端		最南端	
島名	所属	島名	所属
南鳥島	東京都	沖ノ鳥島	東京都

とある。このことから，さとるさんの住んでいる都道府県が北海道であることがわかる。

北海道の道庁がある札幌市は，冬の気温が低く，梅雨がないため6〜7月の降水量が比較的少ない。したがって，イの雨温図が札幌市のものである。アは冬の気温が比較的低く，年間を通して降水量が少ないので中央高地（内陸）の気候である。ウは夏の降水量が多いので太平洋側の気候である。エは冬の降水量が多いので日本海側の気候である。

2　1．輸入品は，綿花・羊毛・鉄鉱石などの原料の輸入が多い。一方，輸出品は，綿花・羊毛を原料としてつくられるせんい品，鉄鉱石を原料としてつくられる鉄鋼などの製品の輸出が多い。このように，原料を輸入して加工し，製品を輸出する貿易形態を加工貿易という。

2．働く人が300人以上の工場が大工場，299人以下の工場が中小工場である。

ア．大工場の割合は0.4＋0.2＋0.1＝0.7(％)だから正しい。また，中小工場の多くが大工場に部品などの製品をおさめているため，後半部分の内容についても正しい。

イ．大工場で働く人の数の割合は8.3＋8.7＋12.7＝29.7(％)だから，中小工場で働く人の数の割合は100－29.7＝70.3(％)となり，誤り。また，後半部分の内容について，海外から働きにきている人は一定数いるが，それは大工場にも共通する特ちょうなので，中小工場に限った特ちょうとは言えない。

ウ．日本の工業出荷額に占める大工場の割合は13.2＋13.5＋26.2＝52.9(％)だから，中小工場の割合は100－52.9＝47.1(％)となり，正しい。後半部分の内容について，ほとんど痛みを感じさせない注射針を発明

した中小工場など，高い技術力を持った工場も多いため，「製品を外国に輸出することはない」は適切な表現ではない。

エ．日本の工場で働く人の給与額のうち大工場の割合は 9.4＋11.3＋19.6＝40.3（％）だから，中小工場の割合は 100－40.3＝59.7（％）となり，誤り。後半部分の内容は正しい。

3．あ．山形県　い．福島県　う．群馬県　え．山梨県　お．長野県

①宮崎県が1位だからきゅうりである。宮崎県では，温暖な気候をいかして農作物の出荷時期をずらす促成栽培がさかんに行われている。

②長野県が1位だからレタスである。長野県では，夏でもすずしい気候をいかしてレタスやはくさいなどの高原野菜を栽培する高冷地農業がさかんに行われている。

③④山梨県・福島県・長野県の順に上位であるのがもも，山梨県・長野県・山形県の順に上位であるのがぶどうである。山梨県の甲府盆地では，水はけのよい土地を利用して，ぶどうやももなどの果物の栽培がさかんに行われている。

⑤青森県・長野県の順に上位だからりんごである。この2県で，りんごの全国生産量の7割以上を占める。

したがって，②にはレタス，③にはももが入るからエが正答。

3　1．ア．鎌倉時代　イ．平安時代　ウ．室町時代　エ．奈良時代　したがって，エ→イ→ア→ウの順となるから，アが正答。

2．【使われた道具】検地の際には，アのようなものさしが用いられた。　イは，伊能忠敬によってつくられた日本で初めての実測による日本地図である。　ウは，織田信長が用いた「天下布武」の印章である。　エは，キリシタンを見つけるために幕府が用いた踏絵である。

【検地を始めた目的】ク．検地によって，検地帳に登録された農民には土地の耕作権が認められたが，そのために勝手に土地を離れられなくなった。　カは，羽柴（豊臣）秀吉が行った刀狩の目的である。　キは，飛鳥時代に中大兄皇子らが中心となって大化の改新を進める中で示された公地公民の目的である。　ケは，鎌倉幕府を開いた源頼朝が行った内容である。

3．漢字で「浦賀」と書く。

4　1．エ．日清戦争の結果，朝鮮半島に勢力をのばした日本はロシアと対立する結果となった。

2．ウ．1931年，関東軍が南満州鉄道の線路を爆破した事件を契機として，満州事変と呼ばれる軍事行動が開始された。関東軍は満州に兵を進め，翌年，Cの地域に満州国を建国した。しかし，リットン調査団の報告を受けた国際連盟は，満州国を認めないとする決議を行ったので，日本は国際連盟を脱退した。

5　1．国会は立法権（立法とは法律をつくること），内閣は行政権，③の裁判所は司法権を担当する。

3．資料は，国民審査の投票用紙である。国民審査は，最高裁判所の裁判官に対して国民が投票で審査を行うもので，任命後，最初の衆議院議員総選挙の際（その後は10年ごと）に行われる。したがって，国民から裁判所に向かう矢印である「け」が正答。

平成 ㉖ 年度 解答例・解説

━━━━━ 《解答例》 ━━━━━

1　1．経度０度…5　緯度０度…3　　2．ウ　　3．エ
2　1．イ　　2．イ　　3．ア
3　1．大王（おおきみ）　　2．エ　　3．ア
4　1．イ　　2．ウ　　3．ア
5　1．消費　　2．ウ　　3．エ

━━━━━ 《解　説》 ━━━━━

1　1．経度０度の線を本初子午線（ほんしょしごせん），緯度０度の線を赤道という。本初子午線は，イギリスのロンドンを通るから，5。赤道は，アフリカ大陸のヴィクトリア湖やマレー半島の先端にあるシンガポール付近を通るから，3。

2．略地図を用いて東京から東まわりで順にめぐるとすると，エ（アメリカ）→イ（ブラジル）→**ウ（ドイツ）**→ア（エジプト）→カ（インド）→オ（中国）の順となるから，ウが正答。

3．季節風は，夏は南東＜太平洋側＞から吹き，冬は北西＜日本海側＞から吹く。冬の季節風は，標高の高い山地や山脈にぶつかり，日本海側に雨や雪を降らせて水分（かさ）を失う。その結果，太平洋側には乾（かわ）いた風が吹き，晴れの日が多くなる。あは夏の降水量が多い太平洋側の気候，いは冬の降水量が多い日本海側の気候である。以上より，エが正答。

2　1．ア．雑誌の広告費は1990年代半ばや2005年以降に減少している。　ウ．新聞の広告費は，1990年頃から2000年頃までは増加と減少を繰り返し，その後は減少する一方である。　エ．1990年代以降，テレビの広告費は増加と減少を繰り返している。

2．関東内陸工業地域では，輸送用機械（自動車）の生産がさかんである。したがって，イが正答。

3．Aは遠洋漁業（港から遠く離（はな）れた海で行う漁業）。1970年代後半から各国が※排他的経済水域を設定し始めたことで，ほかの国の経済水域内にあたる海で行う漁業が制限されるようになり，日本の遠洋漁業は衰退（すいたい）した。
※排他的経済水域…沿岸から200海里（約370km）以内の水域。この水域内では，沿岸国が水産資源・鉱産資源を優先的に開発・管理することができる。

3　1．大王（おおきみ）は，大和（やまと）地方（現在の奈良県を中心とする一帯）に成立した大和政権の中心人物だった。

2．資料２の屏風絵（びょうぶえ）は，南蛮人（なんばんじん）を描（えが）いた『南蛮人渡来図屏風（なんばんじんとらいずびょうぶ）』（安土桃山時代）である。
ア．足利義満（あしかがよしみつ）に関するカードだから，室町時代。　イ．平清盛（たいらのきよもり）に関するカードだから，平安時代。　ウ．北条時宗（ほうじょうときむね）に関するカードだから鎌倉時代。　エ．織田信長（おだのぶなが）に関するカードだから安土桃山時代。

3．1858年，日米修好通商条約が結ばれ，日本は外国と貿易を始めた。その結果，生糸（きいと）などが国内の大商人に買い占められたことで品不足となり，農村では百姓一揆（ひゃくしょういっき），都市では打ちこわしが増えた。したがって，アが正答。

4　1．ア．日露戦争の税負担額や戦死者は，日清戦争より多かった。　ウ．日露戦争は，朝鮮や清が戦場になった。　エ．日露戦争の講和条約であるポーツマス条約で賠償（ばいしょう）金は得られなかった。

2．洗濯機（せんたくき）が多くの家庭に広まったのは，高度経済成長期（昭和時代）のこと。　ウ．国際連合に加盟：1956年（昭和時代）　沖縄の日本返還：1972年（昭和時代）　エ．日中平和友好条約を結ぶ：1978年（昭和時代）　子どもの権利条約の承認：1994年（平成時代）　したがって，ウが正答。

3．ア．1965年　イ．17世紀初頭　ウ．1910年　エ．2002年

5　1．消費税は，ものやサービスを購入・利用したときにかかる税である。

　2．「市」の施設をつくるかどうか決めるのはその市の議会だから，ウが正答。

　3．高齢者福祉施設は，人が人間らしい生活を送るために必要となる施設だから，エが正答。エは，憲法第25条に規定されている生存権である。

《解答例》

1	1．エ	2．イ	3．北方領土
2	1．ウ	2．ア	3．エ
3	1．ア	2．ウ	3．イ
4	1．ウ	2．ア	3．エ
5	1．ア	2．イ	3．条例

《解　説》

1　1．エ．①②イギリスのロンドンにある旧グリニッジ天文台を通る経度0度の経線が，本初子午線として世界の経度や時刻の基準となっている。

　2．イ．日本は，ユーラシア大陸の西側ではなく東側にある。

　3．北方領土は，第二次世界大戦後にソ連が占領し，1991年にソ連が解体してからはロシア連邦が占領している。

2　1．ア．ビニールハウスを利用した野菜づくりは日本各地で行われている。たとえば，宮崎県や高知県では，温暖な気候を生かした促成栽培がビニールハウスを用いて行われている。イ．高速道路の近くでは，大消費地に向けた出荷を前提とするため，くだものだけでなく野菜や生け花など，鮮度が重視されるものを生産する農家が多い。ウ．農薬をできるだけ用いない有機農業など，味や品質にこだわった農作物を出荷する農家もある。エ．個人経営の農家は減少している。その原因には，農業をいとなむ高齢者の増加や後継者不足のため，仕事を農家単体で行うのが難しくなったことや，高額な機械の購入が難しくなり共同で農業をいとなむ農家が見られるようになったことなどがあげられる。

　2．イ．外国産の食料は，農薬を多量に用いていることがあり，必ずしも健康によいとは言えない。ウ．外国産の安い食料が大量に輸入されると，日本国内で作られた農作物が売れなくなり，日本の農家は打撃を受ける。エ．外国産の食料に完全に依存してしまうと日本国内の農業が衰退してしまうので，品種改良によってより良い食料の生産を目指すことは必要である。

　3．エ．1960年の時点で，食料全体の自給率より高い自給率を示しているのは，米・野菜・くだもの・肉類である。これらのうち，くだものが2010年には食料全体の自給率39％を下回る38％になっている。

3　「ことば①」徳川家光の言葉（江戸時代）。「ことば②」承久の乱に際して北条政子が行った演説（鎌倉時代）。

「ことば③」聖武天皇が発した大仏造立の詔(奈良時代)。「ことば④」藤原道長がむすめたちが天皇のきさきとなったときの気持ちをよんだ和歌(平安時代)。

1．ア.鎌倉時代，イ.町人→農民で，江戸時代。なお，五人組そのものは町人もつくらされたが，年貢をおさめる義務は町人にはなかった。ウ.東北地方→九州地方で，奈良時代。エ.書院造→寝殿造で，平安時代。また，歌舞伎は江戸時代。

2．ア.『源氏物語絵巻』(平安時代)。イ.『東海道五十三次』(江戸時代)。ウ.足利義政が建てた銀閣(室町時代)。エ.聖武天皇の遺品が納められている東大寺の正倉院(奈良時代)。

3．イ.ことば③→ことば④→ことば②→ことば①の順。

4 1．資料1は西郷隆盛。ア.西郷隆盛は岩倉使節団には加わっていない。イ.西郷隆盛は，西南戦争では大久保利通ら政府と対立した。エ.西郷隆盛ではなく後藤象二郎など。西郷隆盛は，言論によって政府にはたらきかけようとする自由民権運動によらず，武力により政府を倒そうとした。

2．資料2は，日清戦争直前の東アジアのようす。左が日本，中央がロシア，右が中国(清)，魚が朝鮮をそれぞれ表している。ア.下関条約の内容。

3．資料3は，1947年につくられたもので，日本国憲法をわかりやすく説明したもの。ア.太平洋戦争中の標語，イ.日中共同声明(1972年)，ウ.全国水平社の設立(1922年)，エ.東海道新幹線の開通(1964年)。

5 1．ア.郵便局(日本郵便株式会社)は，2007年に民営化された。

2．ア.立法機関(国会)ではなく行政機関(内閣)。ウ.司法機関(裁判所)ではなく行政機関。エ.行政機関と立法機関が逆。

3．条例は，法律の範囲内で制定することができる。

理 科

平成 31 年度 解答例・解説

═══════════ 《解答例》 ═══════════

1. 1. ①エ ②イ 2. ア
2. 1. エ 2. エ
3. 1. ア 2. イ
4. 1. ② 2. エ
5. 1. ア 2. イ
6. 1. ウ 2. イ
7. 1. ウ 2. ア

═══════════ 《解 説》 ═══════════

1 1① ばねはかりが示す重さは，2つのおもりの重さと棒の重さの合計だから，棒の重さは 400－(50＋150)＝200(g)である。また，てこでは，支点の左右で棒をかたむけるはたらき〔おもりの重さ×支点からの距離〕が等しくなると，棒が水平になる。ばねはかりをつるした棒の真ん中(支点)から 50gのおもりまでは 60cmだから，50gのおもりが棒を左にかたむけるはたらきは 50(g)×60(cm)＝3000 である。したがって，150gのおもりが棒を右にかたむけるはたらきも 3000 になるように，支点から 3000÷150(g)＝20(cm)の位置，つまり，棒の右端から 80cmの位置につるせばよい。 ② 棒を左にかたむけるはたらきは 40(g)×60(cm)＝2400，棒を右にかたむけるはたらきは 140(g)×20(cm)＝2800 になるから，棒は右が下がるようにかたむく。

2 イは力点と作用点の位置が逆である。ウは真ん中の2つが力点である。

2 1 グラフより，40℃のときに最もとけるのは食塩で約 35g，60℃のときに最もとけるのはミョウバンで約 57gである。

2 ホウ酸は，60℃の水 100mLに約 14gまでとけ，0℃の水 100mLに約 3gまでとけるから，約 14－3＝11(g)がとけきれずに出てくる。ミョウバンは 60℃の水 100mLに約 57gまでとけ，40℃の水 100mLに約 22gまでとけるから，約 57－22＝35(g)がとけきれずに出てくる。したがって，ミョウバンのほうが約 35－11＝24(g)多い。

3 1 アは肺，イは胃，ウは小腸，エは大腸である。アは酸素と二酸化炭素の交換をおこなうところで，食べ物の通り道ではない。なお，口→食道→胃→小腸→大腸→こう門の順に食べ物が通る一続きの管を消化管という。

2 大腸では，小腸で養分や水分を吸収された食べ物の残りから，さらに水分が吸収される。

4 1 予想A，B，Cでは，発芽に必要な条件をそれぞれ，土，水，光としている。3つの予想がすべて正しいとすると，発芽するのは，土，水，光の3つの条件がすべてそろっている②だけである。

2 ①，②，⑤の実験をまとめて比べるのではなく，条件が1つだけ異なる実験どうしで比べる。①と②は水の条件だけが異なり，①では発芽せず，②では発芽したから，水が必要であることがわかる(予想Bは正しい)。②と⑤は，光の条件だけが異なり，どちらも発芽したから，光が必要ではないことがわかる(予想Cは正しくない)。①，②，⑤ではすべて土を使っていて，土がない条件での実験はふくまれていないので，土が必要かどうかはわからな

(30)

い(予想Aは正しいかどうか判断できない)。

5　1　火山の噴火によって噴き出された火山灰がたい積することで,地層をつくることがある。なお,火山灰の層にふくまれる粒は角ばっているが,れきや砂の層にふくまれる粒は丸みを帯びている。れきや砂は,流れる水のはたらきによって運ばれてくる間に,他の石などにぶつかって角がとれる。

　　2　この地域の地層は下から順にたい積したものだから,C〜Eの地層では,最も下にあるEが最も古い時代にたい積したもので,最も上にあるCが最も新しい時代にたい積したものである。したがって,C〜Eの地層ができたときの土地の様子は,浅くてれきがたい積する海から,深くてどろがたい積する海に変化していったと考えられる。

6　1　空気,水,金属では,あたためたときの体積の変化(増加)が最も大きいのは空気である。

　　2　鉄はあたためられると体積が大きくなる。したがって,夏になって気温が高くなるとレールが伸びるので,つなぎ目でぶつかり合ってレールが曲がるおそれがある。これを防ぐため,つなぎ目にすき間があけられている。

7　1　積乱雲は,激しい上昇気流によって生じる雲で,雷雲とも呼ばれる,激しい雨を降らせる雲である。台風は積乱雲が集まってできている。

　　2　夕方の太陽は西にあるから,夕やけになるのは西にある太陽から光が届くときである。つまり,夕やけになるのは,その地点の西の空に太陽の光をさえぎるような雲や雨粒がないときである。日本付近の上空には偏西風という西風がふいていて,日本の天気は西から東へ変わることが多いので,夕やけになると,西から雲や雨粒が運ばれてくる可能性が低く,次の日は晴れになると予想できる。

━━━━━━━━━━━━━━ 《解答例》 ━━━━━━━━━━━━━━

1　1．ウ　　2．エ

2　1．ア　　2．ア，イ

3　1．ウ　　2．イ

4　1．ウ　　2．キ

5　1．エ　　2．ア

6　1．イ　　2．エ

7　1．8　　2．どちらの方が多いか…ミョウバン／8.6　　3．ア

━━━━━━━━━━━━━━ 《解　説》 ━━━━━━━━━━━━━━

1　1　2日目には体の形がわかるようになり(C)，4日目には目が目立ってくる(D)。

　　2　エ．たい児のへそのおは母親の子宮の中のたいばんにつながっている。たいばんには母親の血管とたい児の血管が集まっていて，母親とたい児の血液が直接混ざることなく，酸素と二酸化炭素，養分と不要物の交かんが行われている。

2　1　電流は電池の＋極から－極に流れるので，導線が電池の＋極と－極の両方につながっていないアでは，豆電球に電流が流れない。イ．アルミニウムはくは金属なので電流を流す。ウ．ソケットからはずして豆電球に直接導線をつなぐときには，豆電球の横と下に導線をつけなければ豆電球に電流は流れない。エ．導線を巻いたことで電流が流れなくなるということはない。

　　2　直列につなぐかん電池の数を増やしていくと，回路に流れる電流が大きくなり，モーターが速く回るようになる。電流が流れる向きはモーターが回る速さに影響を与えないので，2つのかん電池が直列につながれたアとイで，モーターが図1より速く回る。ウ．2つのかん電池が逆向きにつながれているので，モーターに電流は流れない。エ．2つのかん電池が並列につながれている。並列につなぐかん電池の数を増やしても，回路に流れる電流の大きさはかん電池が1個のときと同じなので，モーターが図1と同じ速さで回る。

3　1　図2で，1つだけはなれている上から2つ目に着目する。2本の棒がはなれている（くっつかない）ことから，アとイは2本とも磁石，または2本とも鉄のどちらかの組み合わせである。このことと，1番上のアとイで2本の棒がくっついたことを合わせると，アとイは2本とも磁石であることがわかる。ウは，磁石であるアやイに対して向きを変えてもくっつくので，鉄であることがわかる。

　　2　磁石は，異なる極どうしが引きつけ合い，同じ極どうしが反発し合う。したがって，方位磁針のN極が北を指すのは，北がN極と引きつけ合うS極になっているためだと考えられる。

4 1 月は太陽のように自ら光を出しているのではなく，太陽の光を反射させることで光って見える。図1のように，右半分（西側半分）が光っている月が南の空に見えるのは，太陽が西にある午後6時ごろである。

2 電灯の光を太陽の光，ア～クのボールを月と考える。図2では，ア～クのすべてのボールで右半分が光っているので，中心にいる観察者がそれぞれのボールを見たとき，右半分が光って見えるのはキの位置にあるボールだけである。なお，キの位置にある右半分が光って見える月を上弦（じょうげん）の月という。また，アは光って見える部分がない新月，クは新月から上弦の月の間で三日月，オは丸く光って見える満月，ウは左半分が光って見える下弦の月の位置である。

5 1 空気は太陽の熱によって直接あたためられるのではなく，太陽の熱が地面をあたため，あたためられた地面によって空気があたためられる。このため，晴れの日は，太陽の高さが最も高くなって地面をあたためる 12 時から少しおくれて気温が最も高くなるので，エが正答となる。

2 写真1と2の白くなっている部分には雲がある。写真1では福岡市上空に雲があり，写真2では福岡市上空に雲がない。したがって，写真1の日はくもりで，1日の気温の変化が小さく，写真2の日は晴れで，1日の気温の変化が大きかったと考えられるので，グラフ2より，1日目が6日，2日目が7日である。

6 1 酸素には，ものが燃えるのを助けるはたらきがある。空気中の酸素の体積の割合は約20%なので，酸素の体積が 50%の実験のときの方が，激（はげ）しく燃える。二酸化炭素はものが燃えることに関係しないので，二酸化炭素の体積の割合については考えなくてよい。

2 ろうそくが燃えると，酸素は使われて，二酸化炭素は増える。したがって，図のびんの中のようすと比べて○の数が減り，●の数が増えているエが正答となる。

7 1 メスシリンダーの目もりは，液面の中央の低い部分を読むので，図1では 42mL の水が入っていることになる。したがって，あと 50－42＝8（mL）の水を加えればよい。

2 ものがとける重さはとかす水の量に比例する。表は，50mL の水にとける重さを示しているので，100mL の水にはその2倍の重さがとける。40℃の水 100mL に，ミョウバンは 12×2＝24（g），ホウ酸は 4.4×2＝8.8（g）までとける。また，20℃の水 100mL に，ミョウバンは 5.7×2＝11.4（g），ホウ酸は 2.4×2＝4.8（g）までとける。したがって，40℃の水 100mL にとけるだけとかしたあと，20℃まで冷やすと，ミョウバンのつぶは 24－11.4＝12.6（g），ホウ酸のつぶは 8.8－4.8＝4.0（g）取り出せるので，ミョウバンの方が 12.6－4.0＝8.6（g）多い。

3 食塩は 50℃の水 50mL に 18.3 g までとけるので，とけ残った食塩は 50－18.3＝31.7（g）である。とけ残った 31.7 g の食塩はろ紙を通らないが，とけていた 18.3 g の食塩はろ紙を通ってビーカーBのろ過した液にとけたままである。ろ過した液を 10℃まで冷やすと，水の量は 50mL で変化していないので，17.9 g の食塩はとけたままで，18.3－17.9＝0.4（g）の食塩が出てくる。

━━━━━━━━━━━━━━━━━━━ 《解答例》 ━━━━━━━━━━━━━━━━━━━

1　エ

2　1．キ　　2．イ

3　1．ウ　　2．ア

4　1．ア　　2．エ

5　1．A．ア　B．エ　　2．イ，ウ

6　1．イ　　2．流れる水

7　1．変える条件…ウ　変えない条件…ア，イ　　2．ウ

━━━━━━━━━━━━━━━━━━━ 《解　説》 ━━━━━━━━━━━━━━━━━━━

1　輪ゴムを引っ張ると，もとにもどろうとする力がはたらく。厚紙を手で押さえて車を引くことで，輪ゴムをのばし，もとにもどろうとする力をはたらかせる。

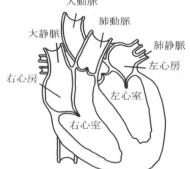

2　1　養分は小腸で吸収されてかん臓へ送られるので，小腸とかん臓をつなぐ血管(キ)を流れる血液にふくまれる養分が最も多い。

2　酸素は肺で血液中にとりこまれるので，肺を通った直後の血液が最も多くの酸素をふくんでいる。したがって，血管(イ)が正答となる。なお，心臓に出入りする血液が流れる血管には，肺動脈(図のア)，肺静脈(図のイ)，大動脈(図のエ)，大静脈(図のウ)があり，心臓の4つの部屋には右心房，右心室，左心房，左心室がある(右図)。

3　1　水や空気などは，温度によって体積が変化する。水や空気の温度が25℃から60℃に変化すると体積が大きくなり，水よりも空気の方が体積の変化が大きいので，③のゼリーの下面が一番高くなる。なお，液面とゼリーの下面は高い順に③，①，②となる。

2　図2で，25℃のときの石けん水のまくの高さがペットボトルの口の高さと同じだったので，10℃になると，ペットボトル内の空気の温度が下がって体積が小さくなり，石けん水のまくはペットボトルの中へすいこまれる。したがって，アが正答となる。なお，図2でペットボトルを60℃の湯の入った水そうに入れたとき，石けん水のまくがふくらんだのは，ペットボトル内の空気の温度が上がって体積が大きくなったからである。

4　1　けんび鏡を使うときの操作の順番を覚えておこう。ア〜エを正しい順に並べかえるとイ→エ→ア→ウとなるので，アが正答となる。

2　けんび鏡で観察すると，上下左右が反対に見えるので，観察したいものを奥に動かしたいときはプレパラートを手前に動かす。

5　1　実験1で，水よう液Aはアルミニウム板と反応してあわが出たので，うすい水酸化ナトリウム水よう液かうすい塩酸である。実験2で，水よう液Bは鉄板と反応してあわが出たので，水よう液Bはうすい塩酸である。したがって，水よう液Aはうすい水酸化ナトリウム水よう液である。

2　石灰水と食塩水を区別するための実験を選ぶ。石灰水は二酸化炭素を通すと白くにごるが食塩水は二酸化炭素を通しても変化しないからイが正答である。また，石灰水はアルカリ性，食塩水は中性である。アルカリ性の水よ

う液は赤色リトマス紙を青色にし，中性の水よう液では赤色リトマス紙も青色リトマス紙も色が変化しない。したがって，ウも正答となる。

6　1　この地域の地層は傾いておらず水平にたい積していることから，図2で同じ柱状図のウとオがC地点とD地点のどちらかである。また，C地点とD地点の火山灰の層の標高は 65m だとわかる。次に，ア，イ，エについて，柱状図で火山灰の層の上面の地表面からの深さに着目する。アは火山灰の層がなく，イは 15m，エは5mだから，火山灰の層の標高が 65m になるとき，標高80mのA地点がイ，標高70mのB地点がエ，標高60mのE地点がアとなる。

2　川の水によって運ばれてくる間に川底や他の石とぶつかって角がとれるので，れきや砂が丸みをもっている。

7　1　ある条件が必要かどうかを確かめたいときは，その条件以外が同じ実験を行って結果を比べる。ふりこの長さについて調べるので，ふりこの長さだけを変え，おもりの重さとふれはばは変えない。

2　ふりこの長さを短くするほど，ふりこが1往復する時間は短くなる。図2のメトロノームでは，目玉クリップの部分が支点になり，目玉クリップからフェライト磁石までの距離が長いほど，ふりこの長さが長くなるので，フェライト磁石の位置を上に動かしてふりこの長さを短くすればよい。したがって，ウが正答となる。

平成28年度　解答例・解説

《解答例》

1　1．ア　　2．エ
2　1．ア　　2．イ
3　1．ウ　　2．イ
4　1．イ　　2．エ
5　1．ア，エ　　2．ウ
6　1．エ　　2．木のほうが鉄よりも同じ体積での重さが軽い。
7　1．エ　　2．ウ

《解　説》

1　1　見たいものが動かせるときは，虫めがねを目に近づけて持ち，見たいものを前後に動かしてピントを合わせる。見たいものが動かせないときは，虫めがねを目に近づけたまま，頭を前後に動かしてピントを合わせる。よって，アが正答である。

2　日なたは温度が高く日かげは温度が低い。また地面のようすや風のふき方によっても温度は変わってしまう。気温をはかるときは，風通しのよい日かげで 1.2～1.5m の高さの空気の温度をはかるようにする。よって，エがまちがっている。

2　1，2　実験の結果を比べるときは，調べたい条件以外の条件がすべて同じになっている実験で比べるようにする。よって，1は肥料以外の条件が同じになっている①と②，2は日光以外の条件が同じになっている②と③が正答である。

3　1　空気は，全体の体積の約 $\frac{1}{5}$ が酸素，約 $\frac{4}{5}$ がちっ素で，ごくわずかの二酸化炭素，水蒸気，アルゴンなどの気体からできている。ろうそくが燃えるとき酸素が使われて二酸化炭素ができるが，ちっ素の量は変化しない。また，二酸化炭素の割合は増えるが，3％程度である。よって，ウが正答である。

2　実験1よりも実験2の方が二酸化炭素の割合が増えているから，ひろしさんの予想が正しいならば，火はすぐに消えるはずである。また，実験1よりも実験2の方が酸素の割合が増えているから，よしこさんの予想が正しいならば，火はすぐには消えず，実験1よりも長く燃えるはずである。よって，イが正答である。

4　1　月は自ら光らず，太陽の光を反射して光っている。よって，月が光って見える方向に太陽がある。太陽と近いほど月の光る部分は小さく，離れているほど大きい月になる。太陽とおよそ90°離れているから右半分が光る半月（上弦の月）が見える。上弦の月は，正午ごろ東の地平線からのぼり，夕方に南中し，真夜中に西の地平線にしずむ（右図）。

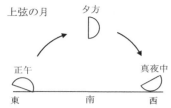

　2　ア，イ．1日の中での月の動きは，地球の自転によって起こる見かけの動きなので，太陽と同じようにどの月も東のほうからのぼり南の空を通って西のほうへしずむ。ウ．月はおよそ1か月かけて地球の周りを公転しているので，太陽と地球と月の位置関係が変わり，地球から見るとおよそ1か月の周期で月の形が変わっていくように見える。よって，エがまちがっている。

5　1　ア，イ．かん電池の向きが逆になっており，電磁石に流れる電流の向きが逆になっているので，方位磁針の針の向きも逆になる。よって，アが適切である。ウ，エ．電磁石に流れる電流の向きとコイルの巻く向きが逆になっているので，方位磁針の針の向きは変わらない。よって，エが適切である。なお，電磁石の力を強くするためには，コイルに流す電流を大きくする方法以外に，一定の長さの鉄しんに巻くコイルの巻き数を多くする方法もあるので覚えておこう。

　2　手回し発電機を速く回したほうが大きな電流が流れ電磁石の強さが強くなり，クリップはたくさんつくようになる。手回し発電機を逆に回すと，電磁石にできるN極とS極は逆になるが磁石の力はあるのでクリップは持ち上がる。よって，ウが正答である。

6　1　どのような置き方をしても，重さは変わらないのでエが正答である。

　2　1㎤あたりの重さを密度という。木と鉄では，鉄のほうが木よりも密度が大きい。

7　1　糸の位置を支点とする。〔かかる重さ×支点からの距離〕が等しいときにさおばかりはつり合う。左の皿に50gのおもりをのせているときの支点からの距離を□cmとすると，$50 \times □ = 20 \times 25$　　□$= 10$（cm）である。70gのおもりを左の皿にのせたときの右の皿の支点からの距離を△cmとすると　$70 \times 10 = 20 \times △$　△$= 35$（cm）である。よって，70gのしるしはエの位置になる。

　2　はさみで切る部分は作用点である。支点から作用点までの距離が短いほど，小さな力で切ることができるので，③の位置で切るときに，最も小さい力で切ることができる。

=== 《解答例》 ===

1　1．イ　　2．ウ

2　1．イ，ウ

　　2．窓ガラスの内側の空気が冷やされて，水じょう気が水てきに変化し，窓ガラスにくっついたから。

3　1．170　　2．エ

4　1．ア　　2．ウ

5　1．エ　　2．イ，オ

6　1．ウ　　2．イ

7　1．オ　　2．モーターカー全体の重さが異なるから。

=== 《解　説》 ===

1　1．バッタはたまご，よう虫，せい虫の順に育つ。このようにさなぎにならない育ち方を不完全変態という。

　　2．ウはアメンボである。こん虫はからだが頭，むね，はらの３つの部分からできており，６本（３対）のあしはすべてむねについている。

2　1．湯気と湯の部分は液体の水である。　　2．空気中にふくむことのできる水じょう気の量には限界があり，これを飽和水じょう気量という。飽和水じょう気量は温度が高いほど大きいため，外の空気に冷やされた窓ガラスによって窓ガラスの内側の空気が冷やされると，飽和水じょう気量が小さくなり，空気中にふくめなくなった水じょう気が水てきとなって窓ガラスにつく。

3　1．水１mL の重さは１ g である。したがって，100 + 50 + 20 ＝ 170（g）が正答となる。　　2．30℃の水50mL に 20 g の食塩はすべてとけないので，ろ液はすでに食塩が限界までとけている。したがって，このろ液に加えた１ g の食塩はすべてとけ残る。

4　1．色がつく部分は水を運ぶ管である。水を運ぶ管を道管といい，道管は根，茎，葉のすべてを通っている。

　　2．植物のからだには道管の他に栄養分を運ぶ管も通っており，これを師管という。道管と師管が集まったものを維管束といい，ホウセンカのくきの切り口には維管束が輪のようにならんでいる。くきでは，道管は内側を通っているので，ウのように色がつく。

5　2．右図Ⅰのように，太陽が高い位置にあるときほど，棒のかげの長さは短くなる。正午ごろの棒のかげの長さが最も短いので，正午ごろの太陽の高さが最も高いと考えられる。なお，図２からは，太陽がどちらの方角からどちらの方角へ移動したかはわからない。

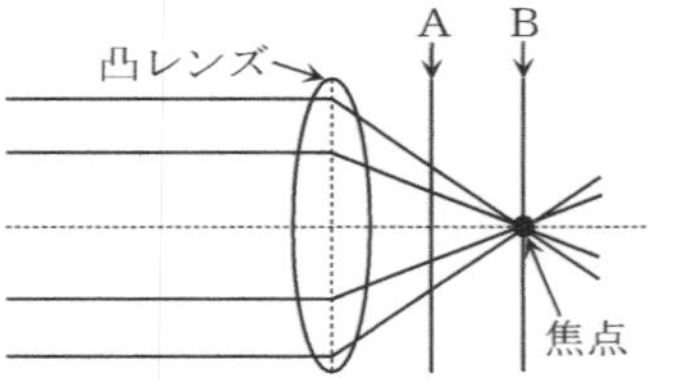

6　2．虫めがねのように中央部分がふくらんだレンズを凸レンズという。凸レンズに当たった光は折れ曲がって，ある一点を通る。この点を焦点といい，右図Ⅱで，凸レンズのすぐ近くのＡよりも焦点上のＢに紙を置いた方が，丸い部分は小さくなり，同じ量の光がより面積の小さい部分に集まるため，明るさは明るくなる。

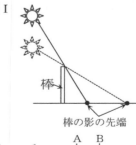

図Ⅰ
棒
棒の影の先端

図Ⅱ
凸レンズ
A　B
焦点

7 1．タイヤの回転を速くするには，流れる電流を強くすればよい。2個の電池を直列につなぐと流れる電流は強くなる。また，回転を逆向きにするには電池の＋極と一極をアと逆向きにすればよいので，オが正答となる。

2．かん電池を1つないだモーターカーの方に，回路につながっていない同じかん電池をもう1つ乗せれば，モーターカー全体の重さが同じになり，かん電池を1つないだものと，かん電池を2つ並列につないだものの速さを比べて，あきらくんの考えを確かめることができる。

平成 26 年度 解答例・解説

《解答例》

1 1．ウ　　2．関節
2 1．ウ　　2．エ
3 1．イ　　2．ア　　　3．エ
4 1．オ　　2．小さくなっていく
5 1．エ　　2．オ
6 ウ
7 1．エ　　2．イ

《解説》

1 1．あし首を曲げたときには，きん肉①はちぢみ，きん肉②はゆるむ。　2．きん肉の両端（りょうたん）は，関節をまたいで2つの骨につながっており，きん肉がゆるんだりちぢんだりすることで，関節を曲げることができる。

3 1，3．実験1で，①と②で何も残らなかったことから，それぞれ気体の塩化水素(水よう液は塩酸)か二酸化炭素(水よう液は炭酸水)のどちらかがとけていたことがわかる。さらに，実験3で，アルミニウムを入れたときの反応から①は塩酸，②は炭酸水だとわかる。また，実験3で，アルミニウムと反応した④が水酸化ナトリウム水よう液だとわかる。次に，実験2で，赤色リトマス紙を青色にした③と④(水酸化ナトリウム水よう液)はアルカリ性の水よう液だから③は石灰水であり，残りの⑤は食塩水だとわかる。なお，実験4では，炭酸水にとけていた二酸化炭素と石灰水が反応したことにより，白くにごったと考えられる。　2．アルミニウムは塩酸にも水酸化ナトリウム水よう液にも反応するが，鉄は塩酸には反応し，水酸化ナトリウム水よう液には反応しない。

4 1．磁石のN極が指す向きが北，S極が指す向きが南である。また，北を向いたとき，右手側が東，左手側が西である。　2．てこのつり合いがとれるとき，支点の左右で，支点からの距離の比と力点・作用点にかかる力の大きさの比は逆になる(おもりが支点に近いほど，手で上から押す力の大きさは小さくなる)。したがって，おもりを支点に近づけていくと，手で上から押す力の大きさは小さくなっていく。

5 1．グラフから，水の温度が変化しても 50mL の水にとける食塩の量はあまり変わらないことがわかる。水の量が多くなれば，同じ温度の水でもとける食塩の量は多くなるが，このグラフからそれを読み取ることはできない。なお，砂糖やミョウバンなど，水の温度が高いほどとける量が多くなる物質があることも覚えておこう。　2．蒸発皿に少量とり加熱して，白い固体が残った方が食塩水だとわかる。また，重さをはかると，重い方が食塩水だとわかる。なお，ろ過は水にとけていない物質を水と分けるための方法だから，水と食塩水を

区別することはできない。

6　1．日本付近では，上空をふく偏西風(へんせいふう)により雲は西から東へ移動する。

7　1．月は太陽と同じように，東からのぼり，南の空を通って，西にしずむ。　2．図のように南の空で右半分がかがやいている月を上弦(じょうげん)の月といい，午後6時ごろに南の空に観察される。月は新月→三日月→上弦の月→満月→下弦(かげん)の月→新月→…と形が変化し，新月から次の新月までに約30日かかる。上弦の月から1週間後には満月になっており，南の空に見える時間は午前0時ごろである(右図参照)。

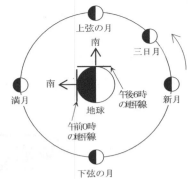

平成 ㉕ 年度　解答例・解説

《解答例》

1　1．②　　2．エ

2　1．エ　　2．イ

3　1．ウ　　2．ア

4　1．イ　　2．オ　　3．エ

5　1．イ　　2．右図

6　1．ア　　2．ウ　　3．ウ

《解　説》

1　1．ろうそくが燃えるためには酸素が必要である。ろうそくが燃えたときに発生する気体はあたためられて軽くなるので，びんにふたがないときはびんの上から外に出ていく。ねん土の一部が切り取られている②では，びんの上から外に出ていった空気のかわりに新たな空気が下から入るため，常にろうそくが酸素を十分にふくむ空気とふれる状態にあり，ろうそくがもっともよく燃える。　2．①の装置でろうそくが最後まで燃えたので，びんの外からの空気がろうそくへ送られているとわかる。したがって，びんの外からろうそくに向かう空気の流れがあるエが正答となる。

2　1．かん電池を2つ並列につないでも回路を流れる電流の大きさは変わらないが，かん電池を2つ直列につなぐと，回路を流れる電流の大きさはかん電池1つのときの2倍になる。電流の大きさと電磁石の強さの関係を調べるときには，電流の大きさ以外の条件が同じ2つの実験で比べればよいので，かん電池を2つ直列につないだ④と，④とエナメル線のまき数が等しい②を比べればよい。　2．電磁石の強さは，同じ長さあたりに巻かれたエナメル線(コイル)のまき数と電流の大きさに比例するので，電流の大きさとエナメル線のまき数が等しい①と③は電磁石の強さが同じになる。なお，電磁石が最も強いのは④で，次に強いのは②である。

3　1．ふりこが1往復する時間は，おもりの重さやふりこのふれはばによって変わらない。10往復する時間の

場合でも同様である。 2．ふりこの長さを短くするほど，ふりこが1往復する時間は短くなる。10往復する時間の場合でも同様である。

4 1．インゲンマメの種子を水にひたしておくと，種子が水をすってやわらかくなる。 2．インゲンマメの種子にたくわえられたでんぷんは発芽に使われるので，発芽後の種子にはでんぷんがほとんどふくまれておらず，ヨウ素液をつけても色がほとんど変化しない。 3．インゲンマメは子葉を2枚もつ双子葉類で，子葉が土の上に出る。また，双子葉類の根は中央にある太い根（主根という）と主根から枝分かれした細い根（側根という）に分かれている。

5 1．卵から出てきたモンシロチョウの幼虫ははじめ黄色い色をしており，最初に自分の卵のからを食べる。その後キャベツの葉を食べるようになると，色が緑色に変化する。 2．こん虫は，6本のあしをもつ。6本のあしは胸部から出ている。なお，こん虫はモンシロチョウのように胸部から出る4枚のはねをもつものが多いが，ハエやアブのなかまのようにはねが2枚のものや，ノミやトビムシのなかまのようにはねをもたないものもいる。

6 1．星座早見を使うときは，見たい方角を下にして持ち，真上にかざして見る。 2．観察した時間が午後9時だから，午後9時の目もりのところの日付を読みとればよい。 3．地球の自転と公転の影響で，1ヶ月後の2時間前（1ヶ月前の2時間後）に観察すると星が同じ位置に見える。したがって，8月15日の午後9時と同じ位置に星が見えるのは，9月15日の午後7時ごろ，7月15日の午後11時ごろである。また，半月で1時間ずれるので，8月1日では午後10時ごろ，8月31日では午後8時ごろに同じ位置で観察できる。したがって，ウが正答となる。

■ ご使用にあたってのお願い・ご注意

（1）問題文等の非掲載

著作権上の都合により，問題文や図表などの一部を掲載できない場合があります。

誠に申し訳ございませんが，ご了承くださいますようお願いいたします。

（2）過去問における時事性

過去問題集は，学習指導要領の改訂や社会状況の変化，新たな発見などにより，現在とは異なる表記や解説になっている場合があります。過去問の特性上，出題当時のままで出版していますので，あらかじめご了承ください。

（3）配点

学校等から配点が公表されている場合は，記載しています。公表されていない場合は，記載していません。

独自の予想配点は，出題者の意図と異なる場合があり，お客様が学習するうえで誤った判断をしてしまう恐れがあるため記載していません。

（4）無断複製等の禁止

購入された個人のお客様が，ご家庭でご自身またはご家族の学習のためにコピーをすることは可能ですが，それ以外の目的でコピー，スキャン，転載（ブログ，ＳＮＳなどでの公開を含みます）などをすることは法律により禁止されています。学校や学習塾などで，児童生徒のためにコピーをして使用することも法律により禁止されています。

ご不明な点や，違法な疑いのある行為を確認された場合は，弊社までご連絡ください。

（5）けがに注意

この問題集は針を外して使用します。針を外すときは，けがをしないように注意してください。また，表紙カバーや問題用紙の端で手指を傷つけないように十分注意してください。

（6）正誤

制作には万全を期しておりますが，万が一誤りなどがございましたら，弊社までご連絡ください。

なお，誤りが判明した場合は，弊社ウェブサイトの「ご購入者様のページ」に掲載しておりますので，そちらもご確認ください。

■ お問い合わせ

解答例，解説，印刷，製本など，問題集発行におけるすべての責任は弊社にあります。

ご不明な点がございましたら，弊社ウェブサイトの「お問い合わせ」フォームよりご連絡ください。迅速に対応いたしますが，営業日の都合で回答に数日を要する場合があります。

ご入力いただいたメールアドレス宛に自動返信メールをお送りしています。自動返信メールが届かない場合は，「よくある質問」の「メールの問い合わせに対し返信がありません。」の項目をご確認ください。

また弊社営業日（平日）は，午前９時から午後５時まで，電話でのお問い合わせも受け付けています。

2025 春

株式会社教英出版

〒422-8054　静岡県静岡市駿河区南安倍３丁目 12-28

TEL　054-288-2131　　FAX　054-288-2133

URL　https://kyoei-syuppan.net/

MAIL　siteform@kyoei-syuppan.net

 教英出版 2025　22 の 1　福岡教育大学附属中７年分

※　答えはすべて解答用紙に記入すること。

1　次の□□□について，**1〜6**にあてはまる最もかんたんな数を答えなさい。

1　$12 + 2 \times (25 - 12 \div 3) =$ □□□

2　$0.125 + \left(\dfrac{5}{6} - \dfrac{1}{4}\right) \div 7 =$ □□□

3　分母が６０で，大きさが１以下の分数 $\dfrac{1}{60}$・$\dfrac{2}{60}$・$\dfrac{3}{60}$・…の中に約分できない分数は □□□ 個 あります。

4　あるクラスには５０人の児童がいます。このクラスで算数のテストを行ったところ，男子の平均点は６８点，女子の平均点は６５．５点，全体の平均点は６７点になりました。
　　このクラスの女子は □□□ 人 です。

5　１辺の長さが４cmの正方形の中に，右の**図**のような線を引きました。
　　このとき，面積が異なる正方形は □□□ 種類 できます。

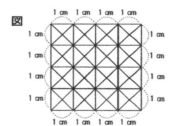
図

6　右の円グラフは，ある年の日本におけるたけのこの生産量について，都道府県別の割合（わりあい）を表したものです。この年の福岡県と京都府のちがいは４７３６トンでした。
　　この年の日本におけるたけのこの生産量の合計は □□□ トン でした。

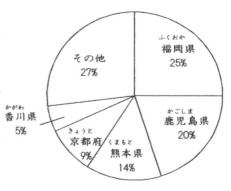

ある年の日本におけるたけのこの生産量（都道府県別の割合）

2 　何人かの子どもたちにアメとキャラメルを配ることにしました。子ども一人あたりに配るア
　メとキャラメルの個数の比を３：４にして配ると，アメとキャラメルは３個ずつあまります。
　配るアメとキャラメルの個数の比を２：３にして配ると，アメは３個あまり，キャラメルは９
　個不足します。このとき，キャラメルは全部で何個あるか求めなさい。

3 　下の図で，四角形ＡＢＣＤは平行四辺形で，辺ＡＤ上にＡＦ：ＧＤ＝１：２となるように点
　Ｆ，Ｇをとります。辺ＢＦ，ＣＧを延長してできた交点を点Ｅとすると，三角形ＥＢＣは三角
　形ＥＦＧを３倍に拡大したものになりました。
　　このとき，下の１，２の各問いに答えなさい。

1 　辺ＡＦと辺ＦＧの長さの比を求めなさい。ただし，できるだけ小さな整数の比で答えなさい。

2 　三角形ＥＦＧと平行四辺形ＡＢＣＤの面積の比を求めなさい。ただし，できるだけ小さな整
　数の比で答えなさい。

図

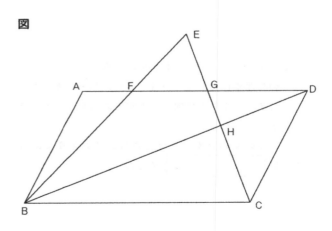

1　てこのしくみやはたらきについて，次の1，2の各問いに答えなさい。

1　重さがわからない長さ2mの棒の真ん中をばねはかりにつるしたところ，水平になりました。右の図はこの棒の左端から40cmの位置に重さ50gのおもりをつるし，その反対側に150gのおもりをつるしたところ，棒が水平になって止まったときの様子を表しています。このとき，ばねはかりは400gを示していました。ただし，糸の重さは考えないものとします。

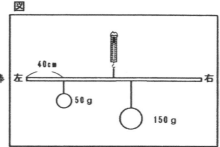

図

①　棒の右端から150gのおもりをつるしたところまでの長さと棒の重さとして，最も正しい組み合わせのものを，次のア～エから1つ選び，記号で答えなさい。

	棒の右端から150gのおもりをつるしたところまでの長さ	棒の重さ
ア	70cm	100g
イ	70cm	200g
ウ	80cm	100g
エ	80cm	200g

②　次に，おもりの位置は変えずに，50gのおもりを40gのおもりに，150gのおもりを140gのおもりに変えてつるしました。このとき，棒はどうなりますか。最も適切なものを，次のア～ウから1つ選び，記号で答えなさい。
　　　ア　左が下がる。　　　イ　右が下がる。　　　ウ　水平になる。

2　支点，力点，作用点の位置を正しく示しているのはどれですか。最も適切なものを，次のア～ウから1つ選び，記号で答えなさい。

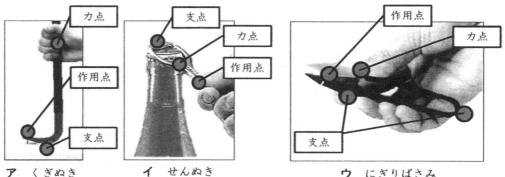

ア　くぎぬき　　　イ　せんぬき　　　ウ　にぎりばさみ

　　水にとけるものの量について，次の**1**，**2**の各問いに答えなさい。なお，下の**グラフ**は100mLの水にとける食塩，ホウ酸，ミョウバンの量と温度の関係を表しています。

グラフ

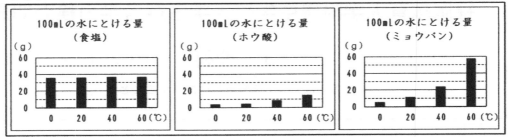

1　水の温度が40℃のときと60℃のときで，最もとけるものとして，正しい組み合わせを，次の**ア〜エ**から**1つ選び**，記号で答えなさい。

	40℃	60℃
ア	ミョウバン	ホウ酸
イ	ミョウバン	食塩
ウ	食塩	ホウ酸
エ	食塩	ミョウバン

2　あたためて60℃にした水 100mLを入れたビーカーを2つ用意して，1つはホウ酸をとけるだけとかし，もう1つはミョウバンをとけるだけとかしました。ホウ酸が入ったビーカーは0℃まで冷やし，ミョウバンが入ったビーカーは40℃まで冷やしたとき，出てくるホウ酸とミョウバンの量はどうなりますか。最も適切なものを，次の**ア〜オ**から**1つ選び**，記号で答えなさい。

　　ア　ホウ酸のほうが約12g多い。　　　**イ**　ホウ酸のほうが約24g多い。
　　ウ　ミョウバンのほうが約12g多い。　**エ**　ミョウバンほうが約24g多い。
　　オ　どちらも同じ。

　　ヒトのからだのつくりについて，次の**1**，**2**の各問いに答えなさい。

1　図は，ヒトのからだのつくりを表しています。
　　口からこう門までの食べ物の通り道として，適切でないものを，図の**ア〜エ**から**一つ選び**，記号で答えなさい。

2　食べ物の消化と吸収の説明として，まちがっているものを，次の**ア〜オ**から**1つ選び**，記号で答えなさい。

　　ア　だ液は，米に含まれるでんぷんを消化するはたらきがある。
　　イ　大腸では，消化された養分がおもに吸収される。
　　ウ　消化液を試験管の中に入れて体内と同じようにはたらかせるためには，体内と同じくらいの温度になるように湯の中で温める必要がある。
　　エ　小腸の内部には多くのひだがあり，消化された養分が吸収されやすくなっている。
　　オ　胃では，食べ物を胃液と混ぜながら消化する。

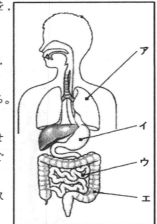

図

平成３１年度

福岡教育大学附属中学校入学者選考学力検査問題

３　社会　（理科と社会２科目で40分）

※　答えはすべて解答用紙に記入すること。

1　資料を読み，グラフ，表を見て，次の１～３の各問いに答えなさい。

資料１

> 1990 年と 2015 年の林業で働く人口を比較すると（**あ**：①現役世代　②高齢世代）の人口は，約 3000 人減少しています。また，年代が進むにつれて，国産木材の価格が（**い**：③上がる　④下がる）とともに，林業で働く人口が（**う**：⑤減って　⑥増えて）いることがわかります。
>
> ※　日本では一般的に 15～64歳までが現役世代，65 歳以上が高齢世代と定義されています。

資料２

> 日本は，貿易港ごとの貿易額や都道府県ごとの工業生産額に差があります。
> 九州北部と関東地方を結ぶ帯状に広がる工業のさかんな地域があり，日本は工業国というイメージが強いです。

グラフ１　国産木材の価格変化

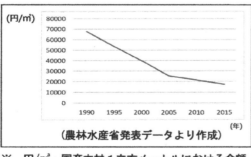

（農林水産省発表データより作成）

グラフ２　林業で働く人の変化

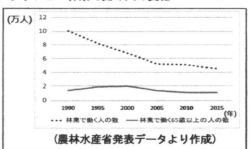

（農林水産省発表データより作成）

※　円/㎥：国産木材１立方メートルにおける金額

1　資料１について，（　**あ**　）（　**い**　）（　**う**　）に入る語句を資料中の①と②，③と④，⑤と⑥からそれぞれ１つずつ選び，番号で答えなさい。

2　資料２の「都道府県ごとの工業生産額」について，下の表に示した上位３府県に関して正しく述べたものを次の**ア～オ**から**２つ選び**，記号で答えなさい。

　　　ア　上位３府県とも東海工業地域に位置する。
　　　イ　上位３府県とも京浜工業地帯に位置する。
　　　ウ　上位３府県とも異なる工業地帯に位置する。
　　　エ　上位３府県とも海に面している。
　　　オ　生産額が 40 兆円を超えている都道府県だけが海に面している。

表　2016年工業生産額上位３府県

1位	愛知県	（46.05 兆円）
2位	神奈川県	（17.48 兆円）
3位	大阪府	（16.69 兆円）

（経済産業省発表データより作成）

3　資料２の「帯状に広がる工業のさかんな地域」を何といいますか。**6字**で答えなさい。

2 　資料を読み，略地図，雨温図を見て，次の1〜3の各問いに答えなさい。

略地図

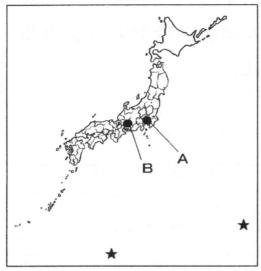

資料1

　東京の気候を雨温図で表すと（ ① ）となります。夏は（ ② ）から季節風が吹くため，日によっては（ ③ ）ことが予想されます。

資料2

　東京は（ ① ）が流れる関東平野に位置し，（ ② ）県と同経度で，（ ③ ）県と同緯度にあります。また，略地図中では（ ④ ）の位置にあり，近海では南から（ ⑤ ）という暖流が通ります。

資料3

　略地図中の2つの★は，日本の東の端と南の端の島であり，東京都の一部です。

雨温図

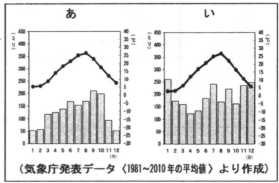

（気象庁発表データ〈1981〜2010年の平均値〉より作成）

1 　資料1の（ ① ）〜（ ③ ）にあてはまる記号やことばを正しく組み合わせたものを次のア〜エから1つ選び，記号で答えなさい。

	①	②	③
ア	あ	北側	気温が下がる
イ	い	南側	気温が下がる
ウ	あ	南側	強い雨が降る
エ	い	北側	強い雨が降る

（①は雨温図のあ，いを示します。）

2 　資料2の（ ① ）〜（ ⑤ ）にあてはまる語句を正しく組み合わせたものを次のア〜エから1つ選び，記号で答えなさい。

	①	②	③	④	⑤
ア	信濃川	岐阜	福島	B	親潮
イ	利根川	福島	岐阜	A	黒潮
ウ	信濃川	福島	岐阜	B	黒潮
エ	利根川	岐阜	福島	A	親潮

3 　資料3に示された東の端と南の端の島の名称を正しく組み合わせたものを次のア〜エから1つ選び，記号で答えなさい。

ア　東の端：沖ノ鳥島　南の端：南鳥島　　イ　東の端：択捉島　南の端：沖ノ鳥島
ウ　東の端：南鳥島　南の端：与那国島　　エ　東の端：南鳥島　南の端：沖ノ鳥島

2	
	個

3	1	2
	：	：

4	1	2
	個	番目

5	1	2
	cm	cm

6	1	2
	回	時速 km

4	1	2

5	1	2

6	1	2

7	1	2

K 教英出版

3	1	2	3		
				時代	組み合わせ

4	1	2																	
	3																		
	→ →																		

5	1	2	3

平成３１年度　入学者選考学力検査解答用紙

３　社会

受検番号	
氏　名	

※　答えは全て解答らんのわくの中に書きなさい。

○　　　　　○

社　会

※15点満点
（配点非公表）

1	1			2	3				
	あ	い	う						

平成３１年度　入学者選考学力検査解答用紙

3　理科

※　答えはすべて解答らんのわくの中に書きなさい。

受検番号	
氏　名	

○　　　　　　　　○

理　科

※15点満点
（配点非公表）

1	1 ①	1 ②	2

2	1	2

3	1	2

平成３１年度　入学者選考学力検査解答用紙

２　算　数

※　答えはすべて解答らんのわくの中に書きなさい。

受検番号	
氏　名	

○　　　　　　　　　　　　　　○

※30点満点
（配点非公表）

1	1	2	3
			個
	4	5	6
	人	種類	トン

3 略年表や資料を見て，次の**1～3**の各問いに答えなさい。

略年表

時代	おもなできごと
あ 飛鳥	十七条の憲法を定める。
い 奈良	①京都で応仁の乱が起こる。
う 平安	②中国との戦いの後，幕府と御家人の関係がくずれ，幕府の力がおとろえる。
え 鎌倉	③天皇が仏教の力で国を治めようとし，全国に国分寺がつくられる。
お 室町	④藤原氏が天皇に代わって政治を動かすほどの力をもつ。
か 安土桃山	百姓から刀や鉄砲などを取り上げる。
き 江戸	参勤交代の制度を定める。

資料1　略年表中**お**の室町時代にえがかれた水墨画

資料2

1 略年表中①～④は，矢印の期間に起きたできごとです。これらのできごとを，年代の古い順に正しく並びかえたとき，**古い方から3番目**のできごとを番号で答えなさい。

2 資料1の水墨画がえがかれた略年表中**お**の室町時代の説明として正しいものを，次の**ア～オ**から**すべて選び**，記号で答えなさい。

ア　中国（明）との貿易がはじまった。
イ　中国（隋）に小野妹子らを使者として送った。
ウ　朝鮮通信使とよばれる使節が，来日するようになった。
エ　九州でキリスト教信者の百姓を含む約3万7000人が一揆を起こした。
オ　足利義政が銀閣を建てた。

3 資料2の人物が生きた時代を略年表中の**あ～き**の中から**1つ選び**，記号で答えなさい。また，この人物が生きた時代の様子と資料2の人物と同じころに生きた人物の説明の組み合わせとして最も適当なものを，次の**ア～カ**から**1つ選び**，記号で答えなさい。

	資料2の人物が生きた時代の様子	資料2の人物と同じころに生きた人物の説明
ア	各地の関所をなくすなどして，商工業をさかんにしようとした。	杉田玄白がオランダ語の医学書を翻訳して『解体新書』を著した。
イ	農民たちは，税として稲や地方の特産物を納め，防人として九州の守りについた。	杉田玄白がオランダ語の医学書を翻訳して『解体新書』を著した。
ウ	備中ぐわや千歯こきなどの新しい農具が普及した。	観阿弥・世阿弥親子が将軍の保護を受けて能を完成させた。
エ	各地の関所をなくすなどして，商工業をさかんにしようとした。	観阿弥・世阿弥親子が将軍の保護を受けて能を完成させた。
オ	備中ぐわや千歯こきなどの新しい農具が普及した。	伊能忠敬が，全国を測量して精密な日本地図を作った。
カ	農民たちは，税として稲や地方の特産物を納め，防人として九州の守りについた。	伊能忠敬が，全国を測量して精密な日本地図を作った。

4   資料を見て，次の1～3の各問いに答えなさい。

資料

| 岩倉使節団が派遣される。 | ① | 日清戦争が起こる。 | ② | 女性の参政権が認められる。 | ③ | 東海道新幹線が開通する。 |

1   資料中①の期間に起きたできごととして正しいものを次の**ア～エ**から**すべて選び**，記号で答えなさい。

ア   政府は富国強兵を目指し，徴兵令をだした。

イ   自由民権運動が広がり，天皇に主権がある憲法が発布された。

ウ   25才以上のすべての男子が選挙権をもつようになった。

エ   日本が国際連盟を脱退し，国際的な孤立状態となった。

2   資料中②の期間に，日本は幕末に結んだ不平等条約の改正に成功します。外務大臣小村寿太郎が実現した改正の内容を**15字以内**で答えなさい。

3   資料中③の期間に起きた次の**ア～ウ**のできごとを年代の古い順に正しく並べかえ，記号で答えなさい。

ア   朝鮮戦争が起こる。   イ   日本が国際連合へ加盟する。

ウ   サンフランシスコ平和条約を結ぶ。

5   資料を見て，次の1～3の各問いに答えなさい。

資料　政治に参加するしくみ（国民主権）

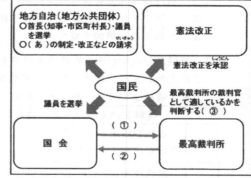

1   資料中の（　あ　）にあてはまる語句を答えなさい。

2   資料中の**国会**のはたらきについて説明した文として正しいものを次の**ア～エ**から**1つ選び**，記号で答えなさい。

ア   最高裁判所の長官を指名する。

イ   外国と条約を結ぶ。

ウ   政治が憲法に違反していないかを調べる。

エ   国の予算を決める。

3   資料中の矢印（　➡　）は，国民が政治に参加する権利を示し，矢印（　⇄　）は国会と最高裁判所との関係を示しています。（　①　）～（　③　）にあてはまる組み合わせとして正しいものを次の**ア～エ**から**1つ選び**，記号で答えなさい。

ア   ①：裁判官をやめさせるかどうかの裁判　②：法律が憲法に違反していないかどうかの審査
　　　③：国民審査

イ   ①：裁判官をやめさせるかどうかの裁判　②：国会の召集を決定
　　　③：国民審査

ウ   ①：最高裁判所長官の任命　②：国会の召集を決定
　　　③：国民投票

エ   ①：最高裁判所長官の任命　②：法律が憲法に違反していないかどうかの審査
　　　③：国民投票

4

種子の発芽に必要な条件について，次の1，2の各問いに答えなさい。

種子の発芽に必要な条件として，予想A，B，Cをたてました。これらの予想が正しいかを確かめるために，容器に下の①～⑦の条件にした土または綿の上にインゲンマメを置き，それぞれ発芽するかを調べました。このとき，①～④は明るい場所に置き，⑤～⑦は箱をかぶせて光が当たらないようにしました。

予想　A　発芽するためには，土が必要である。
　　　B　発芽するためには，水が必要である。
　　　C　発芽するためには，光（日光）が必要である。

実験
容器→インゲンマメ
①かわいた土　②しめらせた土　③かわいた綿　④しめらせた綿

箱→
⑤しめらせた土　⑥かわいた綿　⑦しめらせた綿

1　予想A，B，Cがすべて正しいとすると，インゲンマメの種子が発芽すると考えられるのはどの容器ですか。最も適切なものを，①～⑦から1つ選び，記号で答えなさい。

2　実験した結果，インゲンマメの種子が発芽したのは，②，④，⑤，⑦の容器でした。
　①，②，⑤の結果を比べることでどのようなことが判断できますか。最も適切なものを，次のア～オから1つ選び，記号で答えなさい。
　ア　予想Aと予想Bは正しいが，予想Cは正しくない。
　イ　予想Bは正しいが，予想Aと予想Cは正しくない。
　ウ　予想Aは正しいかどうか判断できないが，予想Bと予想Cは正しい。
　エ　予想Aは正しいかどうか判断できないが，予想Bは正しく，予想Cは正しくない。
　オ　予想Cは正しいかどうか判断できないが，予想Bは正しく，予想Aは正しくない。

5

地層のできかたについて，次の1，2の各問いに答えなさい。ただし，地層はたい積した順番のまま変わっていないものとします。

1　図のBの地層がたい積したのは，この付近でどのようなことがあったからだと考えられますか。その理由として，最も適切なものを，次のア～エから1つ選び，記号で答えなさい。
　ア　火山が噴火した。
　イ　地震が起きた。
　ウ　気温が上がった。
　エ　気温が下がった。

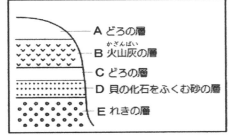

図　あるがけの断面の地層の様子

A どろの層
B 火山灰の層
C どろの層
D 貝の化石をふくむ砂の層
E れきの層

2　流れる水のはたらきによって運ばんされた土は，海岸から近くて浅いところには，れきなどが多くたい積し，海岸から遠くて深いところには，どろなどが多くたい積する，ということがわかっています。このことから，図のC～Eの地層ができたときの土地の様子を考えました。最も適切なものを，次のア～エから1つ選び，記号で答えなさい。
　ア　非常に浅い海であった。　　　イ　浅い海であったが，だんだん深くなった。
　ウ　非常に深い海であった。　　　エ　深い海であったが，だんだん浅くなった。

6 もののあたたまりかたと体積について，次の1，2の各問いに答えなさい。

1 もののあたたまりかたと体積の変化の説明として，<u>まちがっているもの</u>を，次の**ア～ウ**から1つ選び，記号で答えなさい。

　ア 空気をあたためると，熱した部分が上の方に移動して順にあたたまっていく。そのとき，空気全体の体積は大きくなっている。

　イ 金ぞくをあたためると，熱した部分から順にあたたまっていく。そのとき，金ぞく全体の体積は大きくなっている。

　ウ ものをあたためたときの体積の変化の様子は，空気，水，金ぞくでちがいがある。体積の変化が最も大きいのは金ぞくである。

2 走っている電車から「ガタンゴトン」と音がきこえるのは，下の**図**のように，金ぞくでできた鉄道のレールのつなぎ目に，すき間があけられているからです。このように，すき間があけられていることについて，正しく説明しているものはどれですか。最も適切なものを，次の**ア～ウ**から1つ選び，記号で答えなさい。

　ア 電車が通ることによってレールが伸びちぢみするため，多くの人が利用する電車ほどすき間を大きくしている。

　イ 夏の暑さでレールが伸びても，レールが曲がらないようにしている。

　ウ 冬の寒さでレールが伸びても，レールが曲がらないようにしている。

図

すき間

7 天気について，次の1，2の各問いに答えなさい。

写真

1 右の**写真**は，ある日の午後に観察された雲の様子です。**写真**のような雲の名前とその特徴について，正しく説明しているものはどれですか。最も適切なものを，次の**ア～エ**から1つ選び，記号で答えなさい。

　ア この雲は，巻雲といい，せまい範囲で雨をふらせる。

　イ この雲は，乱層雲といい，広い範囲で雨をふらせる。

　ウ この雲は，積乱雲といい，かみなりをともなった雨をふらせる。

　エ この雲は，層積雲といい，かみなりをともなった雨をふらせる。

2 次の文は，日本の天気に関する言い伝え（言い習わし）について考えたものです。文中の（①）～（④）に入るものとして，最も正しい組み合わせを，次の**ア～エ**から1つ選び，記号で答えなさい。

> 夕やけになると，次の日は（①）になると言われています。その理由は，天気は（②）から（③）へ変わることが多いので，夕方の（④）の空を見れば，次の日の天気が予想できるからです。

	①	②	③	④
ア	晴れ	西	東	西
イ	晴れ	東	西	東
ウ	雨	西	東	西
エ	雨	東	西	東

4 1辺が1cmの正方形を使って，下の**図**のような図形をつくっていきます。

図

1番目　　　　　2番目　　　　　3番目　　　…

このとき，下の**1**，**2**の各問いに答えなさい。

1 10番目の図形は何個の正方形を使っているか求めなさい。

2 図形の周りの長さが144cmになるのは，何番目の図形か求めなさい。

5 AB＝25cm，BC＝20cm，AE＝40cmの直方体の容器に一定量の水が入っている。容器の厚さを考えないものとして，下の**1**，**2**の各問いに答えなさい。

1 底面がたて10cm，横5cmの長方形で高さが40cmの直方体のおもりを，**図**のように容器の底面につくように垂直に入れたとき，水面の高さが24cmになりました。おもりを入れる前の水面の高さを求めなさい。

図

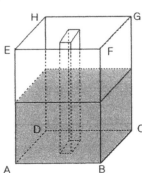

2 さらに，**1**と同じ直方体のおもりをもう1本同じようにならべて容器に入れました。このときの水面の高さを求めなさい。

6 　ある鉄道では，Ａ，Ｂ，Ｃの順に駅があります。この鉄道では，普通列車，急行列車が走っており，その速さはそれぞれ一定であるものとします。
　　このとき，下の１，２の各問いに答えなさい。

１　Ａ駅とＢ駅の間では，Ａ駅からＢ駅に向かう普通列車が１０分ごとに，Ｂ駅からＡ駅に向かう普通列車も１０分ごとに発車しています。Ａ駅を午前８時に発車した普通列車は，Ｂ駅に午前９時に着きました。その間に，Ｂ駅を発車した普通列車と最初にすれちがったのは８時３分で，最後にすれちがったのは，Ｂ駅に着く２分前でした。この普通列車は，Ｂ駅に着くまでに，Ｂ駅を発車した普通列車と何回すれちがったか求めなさい。

２　Ｂ駅とＣ駅の間では，Ｂ駅からＣ駅に向かう普通列車が１０分ごとに，Ｃ駅からＢ駅に向かう急行列車が２４分ごとに発車しており，普通列車と急行列車は１４分ごとにすれ違います。また，１時間あたりに進む距離は急行列車の方が２４km長くなります。このとき，急行列車の速さは時速何kmか求めなさい。

平成３０年度
福岡教育大学附属中学校入学者選考学力検査問題
２　算数　　　（40分）

※　答えはすべて解答用紙に記入すること。

1　下の１から６の ▭ にあてはまる最も簡単な数を答えなさい。

1　$17 + (42 - 27) \div 5 =$ ▭

2　$\dfrac{4}{9} \times \dfrac{1}{2} + (0.4 - \dfrac{1}{3}) \div 0.2 =$ ▭

3　たろうさんとはなこさんの所持金の比は７：５でしたが，２人ともそれぞれ３５０円の本を買ったので２人の所持金の比は９：５になりました。

たろうさんのもとの所持金は ▭ 円 です。

4　ある小学校の６年生は５５％が女子です。また，６年生女子でクラブ活動をしている子は８８人いて，これは６年生女子の８割にあたります。

このとき，この小学校の６年生は全部で ▭ 人 です。

5　８人で２人３脚の組をつくろうと思います。このとき，全部で ▭ 通り の組ができます。

6　下の帯グラフは，ある年の日本におけるバラの生産量の都道府県別の割合を表したものです。

この年の日本のバラの生産量は，２７６５００００本でした。このとき，福岡県のバラの生産量は， ▭ 本 であることが分かります。

愛知	静岡	山形	福岡	愛媛	神奈川	群馬	その他

0　10　20　30　40　50　60　70　80　90　100(%)

ある年の日本におけるバラの生産量の都道府県別の割合

2 　畑の大根を収穫するのに大人が8人では3日間かかり，子どもが6人では10日間かかります。大人2人と子ども1人では，この畑の大根を収穫するには何日かかりますか。

3 　下の図のようにＡＢ＝4cm，ＣＤ＝12cm，角Ａと角Ｄが90°の台形ＡＢＣＤがあります。辺ＡＤ上に点Ｅを，辺ＣＤ上に点Ｆをとったところ，三角形ＥＣＤと三角形ＢＣＦの面積がそれぞれちょうど台形ＡＢＣＤの面積の半分になりました。
　　このとき，下の1，2の各問いに答えなさい。

1 　ＡＥとＥＤの長さの比を求めなさい。ただし，最も簡単な比で答えなさい。

2 　ＢＦとＣＥの交点をＰとするとき，四角形ＡＢＰＥと四角形ＥＰＦＤの面積の比を求めなさい。ただし，最も簡単な比で答えなさい。

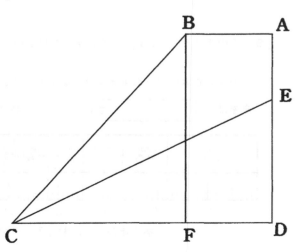

1　メダカの卵のふ化とヒトの子宮の中にいるたい児について，次の１，２の各問いに答えなさい。

1　メダカの卵がふ化するまでのようすを５枚のカードで表すとき，①と②には，それぞれA～Dのどのカードが入りますか。次のア～エから１つ選び，記号で答えなさい。

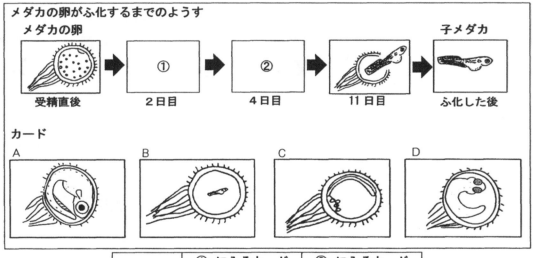

	① に入るカード	② に入るカード
ア	B	A
イ	B	D
ウ	C	D
エ	C	A

2　子宮の中にいるたい児の説明としてまちがっているものを，次のア～エから１つ選び，記号で答えなさい。

ア　たい児はへそのおを通して養分を受け取っている。
イ　たいばんは子宮の中にある。
ウ　羊水はたい児を守るための液体である。
エ　たい児のへそのおは母親のへそとつながっている。

2 電流について，次の1，2の各問いに答えなさい。

1 次のア～エの回路の中で，豆電球がつかないものはどれですか。ア～エから1つ選び，記号で答えなさい。

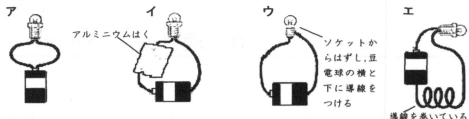

ア　イ　アルミニウムはく　ウ　ソケットからはずし，豆電球の横と下に導線をつける　エ　導線を巻いている

2 次のア～エの回路のスイッチを入れたとき，モーターが図1より速く回るつなぎ方を，ア～エからすべて選び，記号で答えなさい。

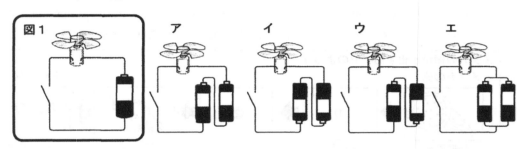

図1　ア　イ　ウ　エ

3 磁石について，次の1，2の各問いに答えなさい。

図1　印　ア　イ　ウ

1 図1のア～ウの3本のぼうのうち，何本かが磁石で，残りは鉄でできています。これらの中から2本ずつ選び，はしとはしを近づけると，図2のような結果になりました。

それぞれのぼうの一方のはしには印がついています。鉄のぼうを，図1のア～ウの中からすべて選び，記号で答えなさい。

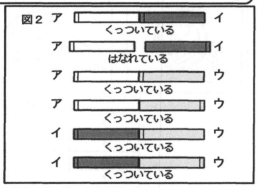

図2　ア　イ　くっついている
ア　イ　はなれている
ア　ウ　くっついている
ア　ウ　くっついている
イ　ウ　くっついている
イ　ウ　くっついている

2 下の文は，方位磁針について説明したものです。（①），（②）に入る適切な言葉を，次のア～エから1つ選び，記号で答えなさい。

文　方位磁針のはりの一方がN極で，もう一方がS極です。地球上では，方位磁針の針のN極が（①）をさします。それは，地球全体を大きな磁石だとすると，北極が（②）極になるからです。

	①	②
ア	北	N
イ	北	S
ウ	南	N
エ	南	S

1　「日本の食料生産」について**資料**を読み，次の**1～3**の各問いに答えなさい。

資料　日本の食料生産

○　「食料自給率」

日本の食料自給率は，アメリカやオーストラリアに比べて低いといえます。特に小麦や①の農作物は国内で十分な量が生産されていないため，外国からの輸入にたよっていることが分かります。

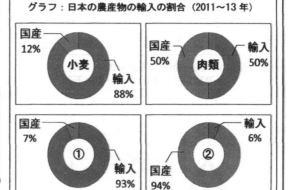

グラフ：日本の農産物の輸入の割合（2011～13年）

表：各国の食料自給率

国名	小麦	肉類	①	②
アメリカ合衆国	171	79	168	190
オーストラリア	460	147	91	137
中華人民共和国	97	99	16	102
フランス	179	102	16	19

単位(%)

世界国勢図会（2016/17）より作成

○　「食生活の変化」

日本では，40年くらい前から食生活が変化しはじめて米の消費量が減り，古米の在庫量が増えてきました。そこで，米の量や値段を管理していた　　　は，在庫を減らすための取り組みとして生産調整を行いました。しかし，その後も消費量は減り続け，1995年からは米の輸入がみとめられるようになり，農家の収入に影響が出ています。

○　「安心・安全への取り組み」

外国からの食料は，日本でみとめられていない農薬が使われていたり，牛やぶたなどの病気が発生したりする不安があります。そのためスーパーマーケットでは，右の図のように食品の情報を調べることができるしくみが取り入れられています。

図：食品の情報が書かれたラベル

こたいしきべつ番号
123456789

黒毛和牛

1　**資料**中の「食料自給率」の表とグラフの①・②にあてはまる組み合わせとして正しいものを，下の**ア～エ**から**1つ選び**，記号で答えなさい。

ア　①魚介類　　②野菜　　　　　　　イ　①大豆　　②野菜
ウ　①大豆　　②米　　　　　　　　　エ　①魚介類　②米

2　**資料**中の「食生活の変化」の　　　　にあてはまるものとして正しいものを，下の**ア～エ**から**1つ選び**，記号で答えなさい。

ア　国　　　　　イ　都道府県　　　　ウ　市町村　　　エ　ＪＡ（農業協同組合）

3　**資料**中の「安心・安全への取り組み」の**下線部**について，食品の情報をラベル表示によって調べることができるしくみを何というか，カタカナで答えなさい。

2 「暮らしを支える情報と防災」について**会話文**を読み，**資料１～３**を見て，次の**１～３**の各問いに答えなさい。

会話文

> たかし：お父さんやお母さんが子どものころ，自然災害の情報を手に入れる方法は，新聞やラジオ，テレビなどが主なものだったようだよ。
>
> のぞみ：私のおじいさんやおばあさんは，過去の被害を言い伝えとして語り継いだり，石碑を建てたりして災害から身を守ろうとしていたみたい。
>
> たかし：それって，町の中で見かける注意や避難場所を知らせる看板と同じ役割だよね。
>
> のぞみ：現代では，情報通信機器の普及によって，防災メールの配信サービスなど情報ネットワークを活用した防災や減災の取り組みが行われているから安心よね。
>
> たかし：でも，大きな災害のときには，停電で使えなかったり，通信が途切れたりするよ。やっぱり，住民一人一人が災害に備えておくことが大切なんだね。
>
> のぞみ：それと，災害が起きたときは，多くの情報が流れるので，誰もが安心して情報をやりとりすることができるようにルールやマナーを守って行動することが大切ね。

資料１　ある自然災害からの「注意」や「避難場所」を示すマークと石碑

資料２　情報通信機器の世帯普及率の推移

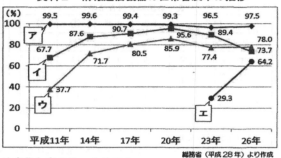

総務省（平成28年）より作成

資料３　情報をやりとりするときのルールやマナー

> **ア** ふだん情報を送る場合は，まちがっている情報でもできるだけ多くの人に送るよう心がける。
> **イ** 災害などの緊急時の場合は，個人情報をインターネットで自由に扱うことができる。
> **ウ** 災害などの緊急時の場合は，内容を確認し，必要な場合のみ相手への返信を心がける。
> **エ** ふだん情報を受けとる場合は，知らない相手からのメールでも受け取るようにする。

1 会話文中の「自然災害」に関する**資料１**について，この自然災害を防ぐための施設としてもっとも適切なものを，下の**ア～エ**から**１つ選び**，記号で答えなさい。

ア  **イ** 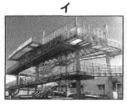 **ウ**  **エ**

2 会話文中の「情報通信機器の普及」に関する**資料２**は，「パソコン，テレビ，スマートフォン，携帯電話（従来型携帯電話・ＰＨＳ）」の普及率を示している。「スマートフォン」を示しているものを，**資料２のア～エ**から**１つ選び**，記号で答えなさい。

3 会話文中の「ルールやマナー」に関する**資料３**について，情報をやりとりするときの「ルールやマナー」としてもっとも適切なものを，**資料３のア～エ**から**１つ選び**，記号で答えなさい。

2		
	日	

3	1	2
	：	：

4	1	2
	番目	

5	1	2
	m³	cm

6	1	2
	時速　　　　km	時　　　分

4	1	2

5	1	2

6	1	2

7	1	2		3
	mL	どちらの方が多いか	g	

3	1	2	3
		写真	

4	1	2	3

5	1		2	3
	制度			

平成30年度　入学者選考学力検査解答用紙

3　社会

※　答えはすべて解答らんのわくの中に書きなさい。

受検番号	
氏　名	

○　　　　　　　　○

社　会		※15点満点 （配点非公表）

1	1	2	3

2	1	2	3

平成３０年度　入学者選考学力検査解答用紙

3　理科

※　答えはすべて解答らんのわくの中に書きなさい。

受検番号	
氏　名	

○　　　　　　　　　　　○

理　科

※15点満点
（配点非公表）

1	1	2

2	1	2

3	1	2

平成３０年度　入学者選考学力検査解答用紙

２　算　数

※　答えはすべて解答らんのわくの中に書きなさい。

受検番号	
氏　名	

○　　　　　　　　　　　　　○

※30点満点
（配点非公表）

1	1	2	3
			円
	4	5	6
	人	通り	本

3　「日本と外国のかかわり」について略年表や資料を見て，次の1～3の各問いに答えなさい。

略年表

1　略年表中①～④のできごとについて説明した文として正しいものを，下のア～エから1つ選び，記号で答えなさい。

ア　①中国の都にならった平城京（へいじょうきょう）をつくった。

イ　②このときに作られた防塁（ぼうるい）の跡（あと）が，現在も見られる。

ウ　③港町として，横浜が開港した。

エ　④朝鮮通信使（ちょうせんつうしんし）が日本を訪れた。

時代	古墳（こふん）	飛鳥（あすか）	A	平安	鎌倉（かまくら）	室町（むろまち）	安土桃山（あづちももやま）	江戸（えど）
できごと	①中国を手本とした国づくりを行う。渡来人（とらいじん）が文化を伝える。		大陸の文化をとりいれる。漢字をもとにかな文字をつくる。		②元（げん）が日本に攻（せ）めてくる。	③明（みん）との貿易を行う。	④ヨーロッパの商人との貿易（ぼうえき）を行う。	新しい文化や学問（がくもん）が広がる。

2　下は，略年表中Aの時代に活躍（かつやく）した人物である。この人物を中国から招（まね）いた天皇に関係のある写真を，下の資料の写真ア～エから1つ選び，記号で答えなさい。

資料

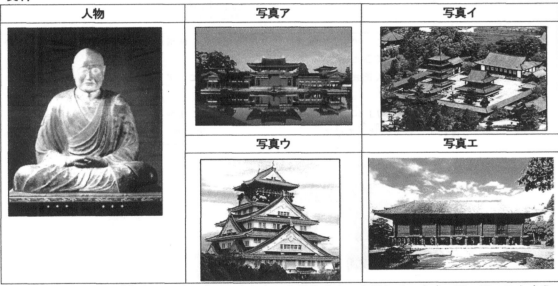

| 人物 | 写真ア | 写真イ |
| 写真ウ | 写真エ | |

3　下のア～エは，略年表の期間に外国から伝わった技術やものを示しています。下のア～エを時代の古い順に正しくならびかえ，古い方から3番目にあたるものを1つ選び，記号で答えなさい。

ア　　　　　イ　　　　　ウ　　　　　エ

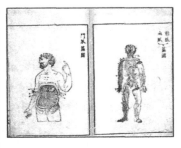

4 「沖縄の歴史」について資料を読み，次の1～3の問いに答えなさい。

1 資料中の下線部Aともっとも近い時期に起きたできごとを，下のア～エから1つ選び，記号で答えなさい。

ア 小村寿太郎が不平等条約を改正した。

イ 日露戦争が起きた。

ウ 日本が国際連盟を脱退した。

エ 蝦夷地を北海道と改めた。

資料

現在の沖縄は，かつては琉球王国として存在しており，その後，A沖縄県として設置されました。太平洋戦争では，上陸戦が行われました。終戦後は別の国が統治していましたが，その後，B日本に返還されました。しかし，今もまだC軍事基地が残されています。

2 資料中の下線部Bの時期は，下の①～④の写真のできごとの前後のどこにあたるか。下のア～ウから1つ選び，記号で答えなさい。

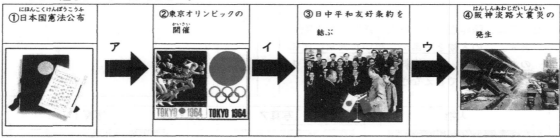

①日本国憲法公布　ア　②東京オリンピックの開催　イ　③日中平和友好条約を結ぶ　ウ　④阪神淡路大震災の発生

3 資料中の下線部Cについて，現在，沖縄県の軍事基地をおもに使用している日本以外の国を，下のア～エから1つ選び，記号で答えなさい。

ア 大韓民国　　イ 中華人民共和国　　ウ ロシア連邦　　エ アメリカ合衆国

5 「三権と国民のかかわり」について資料1・2を見て，次の1～3の各問いに答えなさい。

資料1 日本の裁判の様子

資料2 三権と国民がかかわるしくみ

1 資料1にみられる裁判制度を何というか，ひらがなで答えなさい。

2 資料1の裁判を説明した文として正しいものを，下のア～エからすべて選び，記号で答えなさい。

ア この制度の目的は国民の感覚や視点を裁判にいかすことである。

イ この制度で裁判に参加する国民は，くじ（抽選）で選ばれる。

ウ すべての裁判で行われ，まちがった判決が出ないように国民がチェックするしくみである。

エ この制度で裁判に参加した国民6名は，6名だけで有罪か無罪かを判断しなければならない。

3 国民が三権にかかわるしくみとして「世論」「選挙」「国民審査」があります。資料2のあ～うにあてはまる語句の正しい組み合わせを，下のア～カから1つ選び，記号で答えなさい。

ア あ：世論　　い：選挙　　う：国民審査　　イ あ：世論　　い：国民審査　　う：選挙

ウ あ：選挙　　い：世論　　う：国民審査　　エ あ：選挙　　い：国民審査　　う：世論

オ あ：国民審査　い：世論　　う：選挙　　カ あ：国民審査　い：選挙　　う：世論

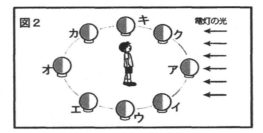

図1

D

地平線

南

4　9月のある日，福岡県のあるところで，南の空に**図1**のような月が見えました。次の1，2の各問いに答えなさい。

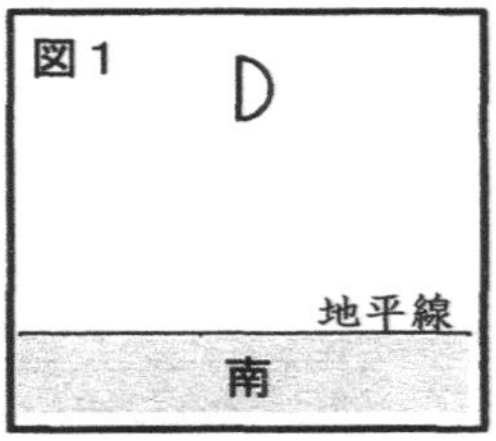

1　観察したのは何時ごろですか。最も適切なものを次の**ア〜エ**から1つ選び，記号で答えなさい。

　ア　午前0時　　**イ**　午前3時　　**ウ**　午後6時　　**エ**　午後9時

2　**図2**は，月の見え方を調べるために，暗い部屋の中で，電灯を使って，ボールに光をあてる実験を表したものです。**図1**の観察をおこなった日の月の位置は，**図2**のどこにあたりますか。最も適切なものを**ア〜ク**から1つ選び，記号で答えなさい。

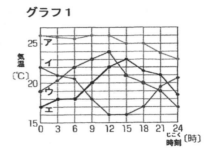

図2　電灯の光

5　福岡市において5月の晴れた日の1日の気温変化と連続した5日間の気温の変化を調べました。次の1，2の各問いに答えなさい。

1　5月の晴れた日の1日の気温変化を示すグラフとして最も適切なものを，**グラフ1**の**ア〜エ**から1つ選び，記号で答えなさい。

グラフ1

気温〔℃〕

2　5月6日0時から11日0時までの気温の変化は**グラフ2**のようになりました。また，**写真1**と**写真2**はそのうち連続した2日間の14時の気象衛星雲画像です。**写真1**，**写真2**は何日の気象衛星雲画像だと考えられますか。最も適切なものを，**ア〜エ**から1つ選び，記号で答えなさい。

グラフ2

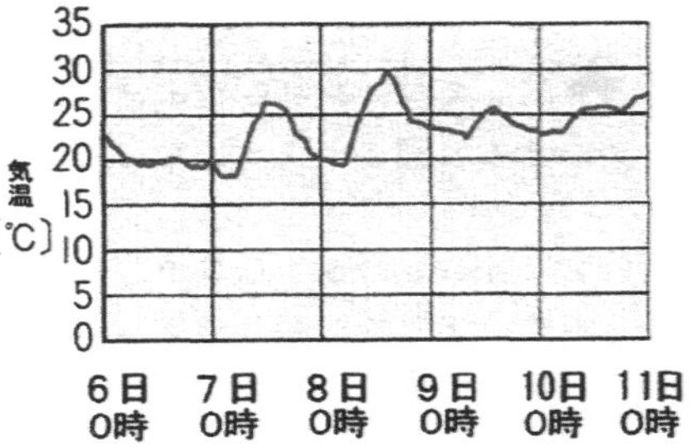

気温〔℃〕

	写真1	写真2
ア	6日	7日
イ	7日	8日
ウ	8日	9日
エ	9日	10日

写真1

写真2

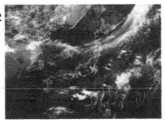

| 6 | ひろしさんは，ものが燃えるときの酸素と二酸化炭素のはたらきを調べるために，**実験**を行いました。ものの燃え方について，次の**1，2**の各問いに答えなさい。 |

実験 酸素の体積が５０％，二酸化炭素の体積が５０％になるようにびんに気体を集め，びんの中に火のついたろうそくを入れ，ふたをしてから観察しました。

気体　ふた　びん

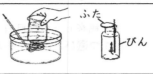

1 びんの中に入れた火のついたろうそくは，空気中で燃えるときと比べてどのように変化しましたか。最も適切なものを，次の**ア～エ**から**1つ選び**，記号で答えなさい。

ア すぐに消えた。　　　　　　　　　　　**イ** 激（はげ）しく燃えた。

ウ 燃え方も燃える時間も変わらなかった。　**エ** 燃え方は変わらないが長い時間燃えた。

2 ひろしさんは，**実験**で気体を集めたときのびんの中のようすを図のように小さなつぶで表しました。火のついたろうそくが燃えた**あと**のびんの中のようすを表すとき，最も適切なものを，次の**ア～エ**から**1つ選び**，記号で答えなさい。

図　○酸素　●二酸化炭素

 ア イ ウ エ

| 7 | ようこさんは，水の温度を変えながら，食塩，ミョウバン，ホウ酸が水５０mLにどれくらいとけるかを調べました。結果を次の**表**にまとめました。水よう液について，次の**1～3**の各問いに答えなさい。 |

表

水の温度〔℃〕	１０	２０	３０	４０	５０
とけた食塩の重さ〔g〕	17.9	17.9	18.0	18.2	18.3
とけたミョウバンの重さ〔g〕	3.8	5.7	8.2	12	18
とけたホウ酸の重さ〔g〕	1.8	2.4	3.4	4.4	5.7

図1
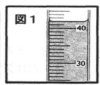

1 メスシリンダーで水５０mLをはかり取るために，最初は水をやや少なめに入れて液面を見ると図1のようになっていました。あと何mL水を加えればよいですか。答えなさい。

2 ４０℃の水１００mLにそれぞれミョウバンとホウ酸をとけるだけとかし，２０℃まで冷やしました。取り出せるつぶはミョウバンとホウ酸のどちらの方が多いですか。また，何g多いですか。答えなさい。

3 ５０℃の水５０mLに５０gの食塩をとかしたところ，図2のようにビーカーAの底にとけ残った食塩が見られたので，ろ過してとけ残った食塩を取りのぞき，ろ過した液を１０℃まで冷やしました。冷やした液のようすとして最も適切なものを，次の**ア～エ**から**1つ選び**，記号で答えなさい。

ア 冷やした液に食塩がとけており，ビーカーBの底に食塩が出る。

イ 冷やした液に食塩がとけており，ビーカーBの底に食塩は出ない。

ウ 冷やした液に食塩はとけておらず，ビーカーBの底に食塩は出ない。

エ 冷やした液に食塩はとけておらず，ビーカーBの底に食塩が出る。

図2

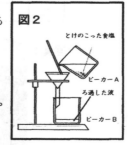

とけのこった食塩
ビーカーA
ろ過した液
ビーカーB

4 下のように，ある規則にしたがって，整数がならんでいます。
このとき，下の**1**，**2**の各問いに答えなさい。

　　1，2，3，2，3，4，3，4，5，4，5，6，5，6，7…

1　初めて20が表れるのは，何番目になりますか。

2　99番目までの整数をすべて加えると，いくつになりますか。

5　ある小学校のプールは，長さ25m，幅12mで，深さは，一番浅いところで1．0m，一番深いところで1．6mになっています。**図1**は，そのプールを上から見た図で，**図2**は，そのプールをま横から見た図で，網かけ部分は水が入っている状態を表しています。

　　このとき，下の**1**，**2**の各問いに答えなさい。

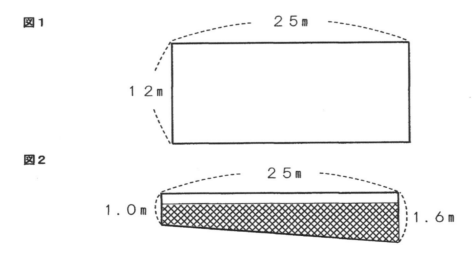

図1

図2

1　今，一番浅いところで深さ80cmまで水が入っています。入っている水の体積は
何m³になりますか。

2　1時間に12m³の割合で注水できるポンプで，空のプールに水を入れるとき，
水を入れはじめてから10時間後の水の深さは，一番深いところで何cmになりますか。

6 　こういちさんは，7時ちょうどに家を出発して，家から2.8kmはなれた学校に歩いて向かいました。

　こういちさんは家から800mの地点で忘れ物に気が付き，歩いて家に引き返しました。その後，7時20分に家に着き，7時25分にふたたび家を歩いて出ました。それからしばらくして，お母さんはこういちさんが別の忘れ物をしていることに気が付き，自動車で追いかけました。お母さんはこういちさんに追いつくと，こういちさんを自動車に乗せ学校まで送りました。歩く速さは常に同じとし，また，自動車の速さも常に同じとし，自動車に乗りこむ時間は考えないものとします。

　このとき，下の1，2の各問いに答えなさい。

1 　こういちさんの歩く速さは，時速何kmになりますか。

2 　自動車の速さが時速42kmのとき，こういちさんは自動車に乗らずにそのまま歩いて学校に行くより3分早く学校に着きました。このとき，お母さんが家を出たのは何時何分になりますか。

1　次の　□　について，１，２，４～６はあてはまる最も簡単な数を，３はあてはまる最も簡単な比を答えなさい。

1　$23 - (16 - 9) \times 3 = $ □

2　$\dfrac{3}{10} \times \dfrac{4}{5} + 0.25 \times \left(1 - \dfrac{2}{5}\right) = $ □

3　A国は，国全体の面積の７７％が山地です。また，B国は，国全体の面積の２８％が山地です。そして，A国の山地の面積はB国の山地の面積のちょうど２倍になります。このとき，A国とB国の国全体の面積の比は □ : □ です。

4　A地点からB地点まで行くのに，その道のりの $\dfrac{4}{5}$ を電車で，残りの道のりの $\dfrac{3}{4}$ をバスで行き，そのあと１．５km歩いてB地点に着きました。
　　このとき，A地点からB地点までの道のりは □ km です。

5　５円，１０円，５０円，１００円の４種類の硬貨が２個ずつあります。これらの硬貨を２個ずつ組み合わせると，異なる金額は全部で □ 通り できます。

6　下の帯グラフは，ある年のいちごの生産量（国内）について，都道府県別の割合を表したものです。この年のいちごの生産量（国内）は１７７５００tでした。
　　このとき，福岡県のいちごの生産量は，愛知県のいちごの生産量より， □ t 多いことがわかります。

ある年のいちごの生産量（国内）の都道府県別の割合

| 栃木 | 福岡 | 熊本 | 長崎 | 静岡 | 愛知 | 佐賀 | その他 |

0　10　20　30　40　50　60　70　80　90　100（％）

2　　Ａさん，Ｂさん，Ｃさんの３人が一緒に，電車に乗って遊園地に行きました。その中で，Ａさんは遊園地の入園料を，Ｂさんは往復の電車の代金を，Ｃさんは昼食の代金を，それぞれ３人分払いました。

　　Ａさんが払った金額は，Ｂさんが払った金額とＣさんが払った金額の合計より３００円多くかかったので，３人が払った金額を等しくするために，ＢさんはＡさんに２００円，ＣさんはＡさんに１４００円渡しました。

　　このとき，１人分の遊園地の入園料は何円ですか。

3　　下の図は，面積が２４㎠の正三角形を４つ並べたもので，Ｂ，Ｃ，Ｅ，Ｇ，Ｉは一直線上にあり，ＢとＨを図のように結びました。

　　このとき，下の１，２の各問いに答えなさい。

図

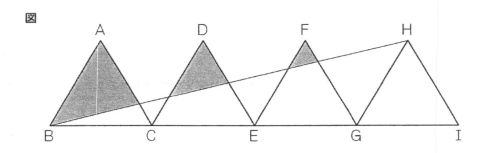

1　　三角形ＢＨＩの面積は何㎠ですか。

2　　図の色をぬった部分の面積の合計は何㎠ですか。

1　小学生３人が**写真**を見ながら小ぎく栽培（さいばい）について話し合っている**会話文**を読んで，次の１～３の各問いに答えなさい。

会話文

ひろしくん　「**写真１**と**写真２**では小ぎく栽培のようすが大きくちがうね。」

さおりさん　「電照ぎくだから，電灯をつけて栽培するのはにてるけど…」

こうきくん　「以前に八女市の小ぎく農家に行ってインタビューした時，日照時間だけでなく，（**あ**：①温度　②水の量）も調整して小ぎくを栽培していると聞いたよ。」

ひろしくん　「なるほど，沖縄（おきなわ）県の（**い**：③夏　④冬）は（**あ**）を調整する必要がないということか。」

こうきくん　「必要がないと何かいいことがあるの？」

さおりさん　「とうぜん（**う**：⑤しせつの費用　⑥照明の費用）をおさえられるはずよ。」

写真１　福岡県八女市の小ぎく栽培のようす

写真２　沖縄県糸満市の小ぎく栽培のようす

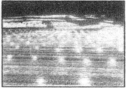

資料１「東京都中央卸売（おろしうり）市場統計情報」より

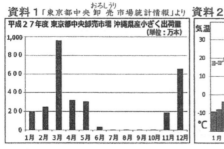

平成２７年度 東京都中央卸売市場 沖縄県産小ぎく出荷量（単位：万本）

資料２「理科年表」より

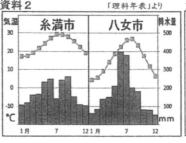

糸満市　八女市

資料３

電照ぎく…　きくは，ふつう日照時間が短くなる頃に花を咲かせる性質があります。そこで電灯で日照時間を調整して開花時期をずらして出荷できるようにしています。この方法から，電照ぎくとよばれています。

1　会話文中の（**あ**）（**い**）（**う**）に入る語句を会話文中の①と②，③と④，⑤と⑥からそれぞれ１つずつ選び，番号で答えなさい。

2　沖縄県の小ぎく農家が**資料１**のように出荷する理由として考えられるものを次の**ア～エ**から１つ選び，記号で答えなさい。

　ア　他の産地からの出荷量が少ない正月や春の彼岸（ひがん）に出荷できるから。

　イ　他の産地からの出荷量が少ないお盆や秋の彼岸に出荷できるから。

　ウ　夏は雨が多いために，きく栽培が困難だから。

　エ　秋は米作がさかんなために，きく栽培が困難だから。

3　沖縄県では近年**写真３**のしせつで虫の害や（　　）からきくを守っている。（　　）に入る語句を次の**ア～エ**から１つ選び，記号で答えなさい。

　ア　日照り　**イ**　高波　**ウ**　土砂災害　**エ**　台風

写真３　平張りしせつ

高さ２ｍ２０ｃｍほどで，細かいあみでおおわれている。

2 自動車関連工場についての**会話文**を読んで，次の1～3の各問いに答えなさい。

会話文

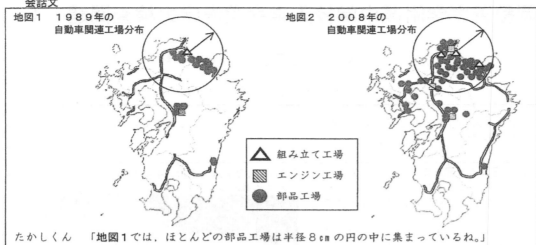

地図1　1989年の
　　　自動車関連工場分布

地図2　2008年の
　　　自動車関連工場分布

△　組み立て工場
▨　エンジン工場
●　部品工場

たかしくん	「**地図1**では，ほとんどの部品工場は半径8cmの円の中に集まっているね。」
かおりさん	「ということは，部品工場のほとんどは組み立て工場から半径（　あ　）kmの範囲にあるということね。」
さとるくん	「でも**地図2**では，組み立て工場から少し離れた場所にも増えているぞ。」
かおりさん	「離れていると不便なのに，どうしてだろう？」
たかしくん	「離れた部品工場は，ほとんど（　い　）の近くにあるね。」
さとるくん	「きっとそれらを活用して部品を届けているはずだ。」
たかしくん	「それなら，鹿児島県にも部品工場がないとおかしいよ。」
かおりさん	「それは，きっと鹿児島県にあると〈　　　　　〉からよ。」

1　会話文中の（　あ　）（　い　）に入る語句の正しい組み合わせを次の**ア～エ**から1つ選び，記号で答えなさい。ただし（あ）については，資料1を見ること。

　ア　あ　80　　い　鉄道
　イ　あ　80　　い　高速道路
　ウ　あ　160　　い　鉄道
　エ　あ　160　　い　高速道路

資料1　定規の長さと実際の距離

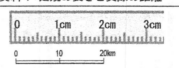

2　会話文中の〈　　　　　〉に入る文を次の**ア～エ**から1つ選び，記号で答えなさい。
　ア　自動車にきずがついてしまう
　イ　必要な部品を，必要な数だけ組み立て工場に運べない
　ウ　部品を運ぶ際の輸送費が高くなってしまう
　エ　部品の保管費用が高くなって工場の土地が有効に使えない

資料2　第一次関連工場で働く人のはなし

組み立て工場 ← 第一次関連工場 ← 第二次関連工場 ← 第三次関連工場

部品工場では，組み立て工場からの注文にかくじつにこたえることが大切です。そうでないと，組み立て工場で自動車生産が止まることもあるからね。だから写真のように，わたしたちの工場では（　　）ネットワークを活用して組み立て工場から発信された注文数をいち早く受け取るようにしているよ。

3　資料2中の（　　）に入る語句を漢字2字で答えなさい。また，「第一次関連工場」で生産されているものを次の**ア～エ**から1つ選び，記号で答えなさい。
　ア　ネジ　　　イ　バネ　　　ウ　シートの布　　　エ　ハンドル

1　　　ゴムのはたらきを調べるために，**図1**のように厚紙に入れた切れこみに輪ゴムをかけ，穴に通して発しゃ台をつくり，**図2**のように車のフックに輪ゴムをかけて，厚紙が動かないように手で押さえて車を引き，手をはなして進ませました。

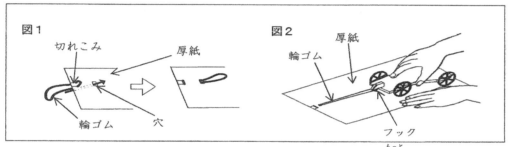

図1　切れこみ　厚紙　輪ゴム　穴

図2　輪ゴム　厚紙　フック

　　　図2の状態から車を進ませるのに利用している力はどれですか。最も適切なものを，次の**ア～エ**から**1つ選び**，記号で答えなさい。

ア　車を手で固定する力
イ　厚紙を手で固定する力
ウ　手でゴムを引く力
エ　輪ゴムがもとにもどろうとする力

2　　　右の**図**はヒトのからだについて表したものです。図を見て，次の1，2の各問いに答えなさい。

1　食べ物にふくまれていた養分は吸収され，血液の中に入ります。その養分を最も多くふくむ血液が流れている血管はどこですか。**図のア～ク**から**1つ選び**，記号で答えなさい。

2　鼻や口から吸いこまれた酸素は血液の中に入ります。酸素を最も多くふくむ血液が流れている血管はどこですか。**図のア～ク**から**1つ選び**，記号で答えなさい。

図

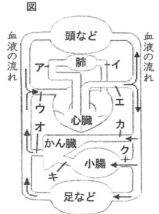

血液の流れ　頭など　血液の流れ

肺　ア　イ

ウ　エ　心臓　カ

オ　かん臓　ク

キ　小腸

足など

3　もののあたたまり方と体積について次の**1，2**の各問いに答えなさい。

　1　６０℃の湯の入った水そうであたためる**実験１**を行いました。

実験１
　図１のように，同じ大きさのフラスコに同じ太さのガラス管をとりつけた装置を３つ準備し，①は２５℃の水，②は６０℃の湯，③は２５℃の空気を入れ，体積の変化がわかるようにゼリーを入れました。①と②の液面と③のゼリーの下面の高さが等しくなるようにしてから，６０℃の湯の中につけました。

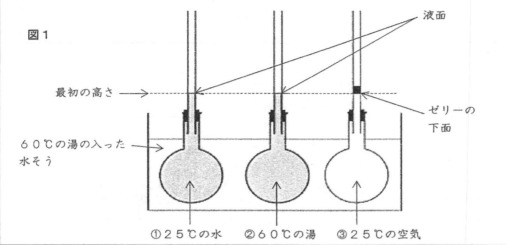

図１

液面

最初の高さ →

ゼリーの下面

６０℃の湯の入った水そう →

①２５℃の水　②６０℃の湯　③２５℃の空気

　　　６０℃の湯の中につけたときのようすとして適切なものを，次の**ア～エ**から**１つ選び**，記号で答えなさい。
　ア　①の２５℃の水の液面が一番高くなる
　イ　②の６０℃の湯の液面が一番高くなる
　ウ　③の２５℃の空気のゼリーの下面が一番高くなる
　エ　①と②の液面と③のゼリーの下面はすべて同じ高さまで上がる

　2　**実験１**とは別に，水の入った水そうで冷やす**実験２**を行いました。

実験２
　　２５℃の空気の入ったペットボトルの口に，せっけん水のまくをつけて６０℃の湯の中につけると，せっけん水のまくが**図２**のようにふくらみました。その後，ペットボトルを１０℃の水が入った水そうに石けん水のまくの変化がなくなるまでつけて冷やしました。

図２

石けん水のまく →

２５℃の空気 →

ふくらんだ石けん水のまく

６０℃の湯の入った水そう →

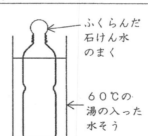

　　このとき石けん水のまくはどのようになりますか。最も適切なものを，次の**ア～エ**から**１つ選び**，記号で答えなさい。

ア　　　　　　　イ　　　　　　　ウ　　　　　　　エ

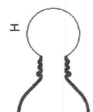

3	1	2
	cm²	cm²

4	1	2
		個

5	1	2
	L	分　　　秒

6	1	2
		時間後

3	1	2	3

4	1		2	3
	番号	記号		

5	1	2	3

4	1	2

5	1		2
	A	B	

6	1	2
		のはたらき

7	1		2
	変える条件	変えない条件	

平成２９年度　入学者選考学力検査解答用紙

4　理科

※　答えはすべて解答らんのわくの中に書きなさい。

受検番号	
氏　名	

○　　　　　　　　　○

理　科

※15点満点
（配点非公表）

1	1

2	1	2

3	1	2

平成 29 年度　入学者選考学力検査解答用紙

3　社会

※　答えは全て解答らんのわくの中に書きなさい。

受検番号	
氏　名	

○　　　　　　　○

※15点満点
(配点非公表)

社　会

1	1			2	3
	あ	い	う		

2	1	2	3		

平成２９年度　入学者選考学力検査解答用紙

２　算　数

※　答えはすべて解答らんのわくの中に書きなさい。

受検番号	
氏　名	

○　　　　　　　　　　　　　　○

※30点満点
（配点非公表）

1	1	2	3
			：
	4	5	6
	km	通り	t

4 けんび鏡を使った観察について，次の1，2の各問いに答えなさい。

1 けんび鏡の使い方について説明した**ア〜エ**を，正しい順に並べかえて，**3番目**に行う操作を記号で答えなさい。

ア 横から見ながら調節ねじを回して，対物レンズとプレパラートの間を近づける。

イ 接眼レンズをのぞきながら反しゃ鏡を動かして，全体が明るく見えるようにする。

ウ 接眼レンズをのぞきながら，調節ねじを回して，対物レンズとプレパラートの間をはなしていき，ピントを合わせる。

エ プレパラートをステージに置く。

2 けんび鏡を使ってゾウリムシを観察すると，**図1**のような位置にゾウリムシが見えました。このゾウリムシを観察しやすくするために，真ん中に動かすときには**図2**のプレパラートを**ア〜エ**のどの方向に動かせばよいですか，**1つ選び**，記号で答えなさい。

図1　　　　図2

5 4種類の水よう液A〜Dがあり，これらはそれぞれ，うすい水酸化ナトリウム水よう液，食塩水，石灰水，うすい塩酸のいずれかです。水よう液について次の**実験1〜2**を行いました。次の1，2の各問いに答えなさい。

| 実験1 | 水よう液Aに小さなアルミニウム板を入れたところ，あわが出ました。その後，アルミニウム板はさらに小さくなり，あわは出なくなりました。 |
| 実験2 | 水よう液Bに小さな鉄板を入れたところ，あわが出ました。その後，鉄板はさらに小さくなり，あわが出なくなりました。 |

1 実験1，2の結果から，水よう液A，Bはそれぞれどの水溶液だと考えられますか。次の**ア〜エ**から**1つずつ**選び，記号で答えなさい。

ア うすい水酸化ナトリウム水よう液　　**イ** 食塩水　　**ウ** 石灰水　　**エ** うすい塩酸

2 実験1，2の結果からだけでは，4種類すべての水よう液を明らかにすることはできませんでした。すべての水溶液を明らかにするためにはどのような実験を追加すればよいですか，次の**ア〜エ**から**すべて選び**，記号で答えなさい。

ア 水よう液Cと水よう液Dに，酸素をそれぞれ加え，変化を調べる。

イ 水よう液Cと水よう液Dに，二酸化炭素をそれぞれ加え，変化を調べる。

ウ 水よう液Cと水よう液Dを赤色リトマス紙につけ，変化を調べる。

エ 水よう液Cと水よう液Dを青色リトマス紙につけ，変化を調べる。

6　地層について，次の1，2の各問いに答えなさい。

1　図1は，ある地域の地形を等高線で表したものです。数字は標高を表しています。みちこさんがA〜Eの5地点において，ボーリング試料を使って地下のようすを調べたところ，れき，砂，泥，火山灰がふくまれていることがわかりました。また，この地域の地層は傾いておらず水平にたい積しており，曲がっていたりずれていたりすることもありませんでした。図2のア〜オは，A〜E地点のいずれかのボーリング試料です。A地点のボーリング試料はどれですか。ア〜オから1つ選び，記号で答えなさい。

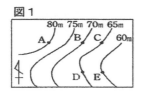

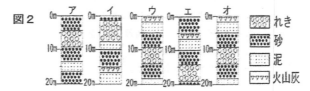

2　1で調べたボーリング試料に含まれていたれき，砂，泥はどれも角がとれて丸みをもっていました。このことについてみちこさんは次のように考えました。

> **みちこさんの考え**
> 「れきや砂の角がとれて丸みをもっていたのは，割れたりけずられたりして形を変えたからではないか。」

みちこさんの考えの下線部は何のはたらきによるものか答えなさい。

7　ふりこの動きについて，次の1，2の各問いに答えなさい。

1　ひろしさん，よしこさん，まもるさんが図1のように重さのちがうおもりと長さのちがう糸を目玉クリップでつり下げてふりこを作り，ふらせ始めの位置を変えてふりこを動かし，1往復する時間を比べました。その結果①が最もはやいことがわかりました。この結果から3人はふりこが1往復する時間が何に関係しているのか次のように予想しました。

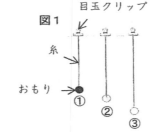

・ひろしさんの予想　「ふりこの長さが原因ではないか。」
・よしこさんの予想　「ふれはばが原因ではないか。」
・まもるさんの予想　「おもりの重さが原因ではないか。」

そこで，ひろしさんの予想が正しいかどうかを調べるために，計画を立てて実験を行うことにしました。変える条件と変えない条件はそれぞれ何ですか。次のア〜ウからすべて選び，記号で答えなさい。

　ア　おもりの重さ　　　イ　ふれはば　　　ウ　ふりこの長さ

2　ひろしさんは，幅2cm，長さ40cmの方眼紙の上から28cmの位置に，表と裏側からフェライト磁石をつけ，目玉クリップではさんでスタンドにつるして，図2のようなメトロノームを作りました。メトロノームの1往復する時間をはやくするにはどのようにすればよいですか。適切なものを次のア〜エから1つ選び，記号で答えなさい。ただし，他の条件は変えないものとします。

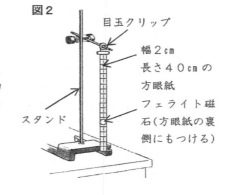

　ア　方眼紙の幅をはさみで切って，1cmにする
　イ　フェライト磁石を2組に増やし，上に重ねる
　ウ　フェライト磁石を上から12cmの位置につけかえる
　エ　フェライト磁石を上から34cmの位置につけかえる

2017(H29) 福岡教育大学附属中

K教英出版

3 略年表や資料を見て，次の1〜3の各問いに答えなさい。

1 略年表中の①〜④は，矢印の期間に起こったできごとです。これらのできごとを，時代の古い順に正しく並びかえ，古い方から<u>3番目</u>のできごとを1つ選び，番号で答えなさい。

略年表

時代	できごと
弥生	① かな文字を使った枕草子ができる。
古墳	② 聖武天皇が国分寺と国分尼寺を建てるように命じる。
飛鳥	
奈良	③ 仏教が日本に伝わる。
平安	④ 小野妹子を遣隋使として中国へ送る。
鎌倉	全国各地に守護や地頭をおく。
室町	足利氏が京都に幕府を開く。
安土桃山	土地の面積や生産高が調査される。
江戸	鎖国が完成する。

資料1

慈照寺 銀閣が建てられた

資料2

伊万里・有田で焼き物がつくられ始めた

2 資料1・資料2は，略年表中の「鎌倉」・「室町」・「安土桃山」・「江戸」のいずれかの時代に関係する資料です。資料1・資料2と関係の深いできごとの組み合わせを，下の表の**ア〜エ**から1つ選び，記号で答えなさい。

記号	資料	できごと
ア	資料1	元軍が2度にわたりせめてきた。
	資料2	織田信長がキリスト教を保護した。
イ	資料1	足利義満が明と貿易をはじめた。
	資料2	朝鮮通信使が日本をおとずれるようになった。
ウ	資料1	承久の乱がおこった。
	資料2	鉄砲が伝わった。
エ	資料1	応仁の乱がおこった。
	資料2	豊臣秀吉が朝鮮に大軍を送った。

3 資料3のできごとが行われた時代の日本の様子を，次の**ア〜オ**から**すべて**選び，記号で答えなさい。

ア 琉球王国との貿易や外交は，薩摩藩を通して行われた。
イ 寺社の勢力をうばうため，南蛮寺の建築が許可された。
ウ 1日3回食事をとる習慣やお茶を飲む習慣がはじまった。
エ 農具が改良され，千歯こきやとうみが使われはじめた。
オ 武士は農民と団結を強め，自分たちの村を守ろうとした。

資料3

4 | 資料を見て，次の1～3の各問いに答えなさい。

資料

八幡製鉄所の操業　　新婦人協会の設立　　サンフランシスコ講和会議　　日本万国博覧会

① → ② → ③ → ④ → ⑤

1　写真1の人物がイギリスとの間で条約改正に成功した時期について，資料中の①～⑤から1つ選び，番号で答えなさい。また，写真1の人物名と条約改正の内容の組み合わせをア～エから1つ選び，記号で答えなさい。

写真1

記号	人物名	条約改正の内容
ア	陸奥　宗光	関税自主権の回復に成功した。
イ	陸奥　宗光	治外法権の廃止に成功した。
ウ	小村寿太郎	関税自主権の回復に成功した。
エ	小村寿太郎	治外法権の廃止に成功した。

2　資料中の「新婦人協会の設立」について，この頃の社会のようすを説明しているものを次のア～エから1つ選び，記号で答えなさい。
ア　はじめて女性の国会議員が誕生した。
イ　富岡製糸場では，全国から女子労働者を募集し，外国人技術者から製糸技術を学ばせた。
ウ　大都市では，タイピストや電話の交換手などの新しい仕事につく女性が増えた。
エ　沖縄では，ひめゆり学徒隊のように女子生徒も戦争に動員された。

写真2

3　写真2は，資料中の「サンフランシスコ講和会議」と同じ頃に日本が国際社会に復帰するきっかけとして加盟が認められた組織です。この世界の平和を守るためにつくられた組織を何というか。漢字4字で答えなさい。

---

5 | 小学校6年生の児童が書いた作文を読んで，次の1～3の各問いに答えなさい。

作文　私たちの住むA市では3年前に土砂災害が起きました。その時，私たち家族は，私の通っているB小学校に避難をしました。その日のうちに，さっそく①自衛隊の人が②ポンプ車で水を運んできてくれたり，逃げおくれた人たちの救助をしてくれたりしました。

1　作文中の下線部①に支援を要請したのはどこか。次のア～エから1つ選び，記号で答えなさい。
　　ア　A市　　イ　B小学校　　ウ　県　　エ　国

2　作文中の下線部②のような災害時の活動は「災害対策本部」によって指揮・実行される。「災害対策本部」が設置される国の機関を次のア～ウから1つ選び，記号で答えなさい。
　　ア　国会　　イ　内閣　　ウ　裁判所

写真

日本国民のまとまり（統合）の□□として被災地を訪問される天皇陛下のようす。

3　写真の説明文の□□にあてはまる語句を漢字2字で答えなさい。

2017(H29)福岡教育大学附属中
K 教英出版

4 下のように，ある規則にしたがって分数が並んでいます。ただし，約分はされていません。このとき，下の1，2の各問いに答えなさい。

$$\frac{1}{2}, \frac{2}{4}, \frac{3}{6}, \frac{1}{8}, \frac{2}{10}, \frac{3}{12}, \frac{1}{14}, \frac{2}{16}, \frac{3}{18}, \frac{1}{20}, \frac{2}{22}, \cdots$$

1　100番目の分数をいいなさい。

2　$\dfrac{1}{20}$ より大きい分数は全部で何個ありますか。

5 図のように，直方体の形をした水そうの中に，三角柱の立体を入れました。この水そうに一定の割合で水を入れると，2分間で底から5cmのところまで入りました。

このとき，下の1，2の各問いに答えなさい。ただし，三角柱の立体は，固定されているものとし，水そうの各面の厚さは考えないものとする。

図

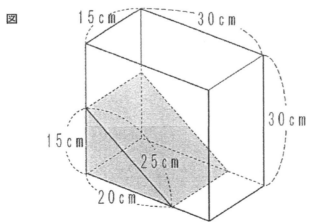

1　水は，1分間に何L入りましたか。

2　同じ割合で水を入れていったとき，水そうがいっぱいになるまで，あと何分何秒かかりますか。

6   燃料を５Ｌまで入れることができるストーブがあります。このストーブには、「弱」、「強」の
切りかえのスイッチがついています。下の図は、はじめにスイッチを入れてからの時間と燃料
の消費量との関係を表したものです。図の**ア**のグラフは、燃料を５Ｌ入れた状態から「強」の
スイッチだけを入れてストーブを使ったときの時間と燃料の消費量との関係を表したものです。
また、図の**イ**のグラフは、燃料を５Ｌ入れた状態から「弱」のスイッチを入れ、途中で「強」
のスイッチに切りかえたときの時間と燃料の消費量との関係を表したものです。
　　このとき、下の１，２の各問いに答えなさい。

図

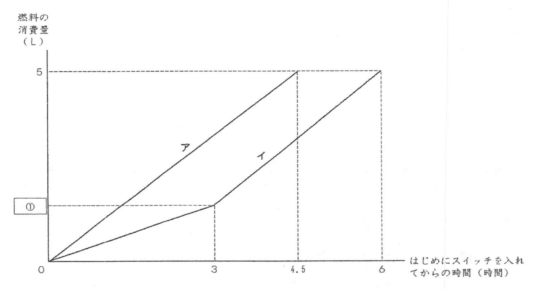

1　上の図の　　①　　にあてはまる数を求めなさい。

2　はじめに、「弱」のスイッチを入れ、途中から「強」のスイッチに切りかえて、５時間で燃
料５Ｌをすべて使い切るようにします。「弱」のスイッチを入れてから、何時間後に「強」の
スイッチに切りかえたらよいですか。

1 　次の □ について，1〜2，4〜6はあてはまる最も簡単な数を，3はあてはまる最も簡単な比を答えなさい。

1　$8+(15-9)×3=$ □

2　$0.75-\dfrac{3}{4}×(0.4+\dfrac{5}{12})=$ □

3　AさんとBさんがそれぞれ3km，5kmの道のりを進むのにかかった時間の比が3：4のとき，2人の速さの比は □ ： □ です。

4　本を買って，その日に全体のページの$\dfrac{1}{5}$を読み，次の日に残りのページの$\dfrac{1}{4}$を読みました。すると，読んでいないページが72ページ残りました。

この本は，全体で □ ページあります。

5　0，1，2，3，4の5枚のカードのうち3枚を選んで，左から順に並べて3けたの整数をつくるとき，6の倍数は □ 通りできます。

6　右の円グラフは，ある年の日本における大麦の生産量について，都道府県別の割合を表したものです。この年の福岡県の大麦の生産量は19800tでした。

この年の日本における大麦の生産量の合計は □ tです。

ある年の日本における大麦の生産量の都道府県別の割合

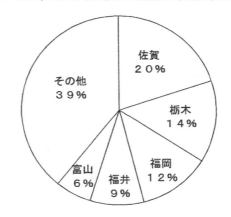

2 下の数は，ある一定のきまりにしたがって順番に並べたものです。

下の１，２の各問いに答えなさい。

１，１，３，１，４，７，１，５，９，１３，１，６，１１，１６，２１，１，７，…

1 ２個目の「１」は全体の２番目，３個目の「１」は全体の４番目，４個目の「１」は全体の７番目ですが，１０個目の「１」は全体の何番目ですか。

2 ２００番目の数は何ですか。

3 下の図は，四角形ＡＢＣＤの内部の点Ｅと，それぞれの頂点を直線で結んだものを表しています。ＡＥとＢＥは垂直に交わり，ＣＥとＤＥも垂直に交わり，三角形ＥＢＣは底辺をＢＣとすると，高さが８ｃｍとなる三角形です。

ＡＥ，ＢＥ，ＣＥ，ＤＥの長さが，それぞれ，１５ｃｍ，１７ｃｍ，１０ｃｍ，１７ｃｍのとき，下の１，２の各問いに答えなさい。

図

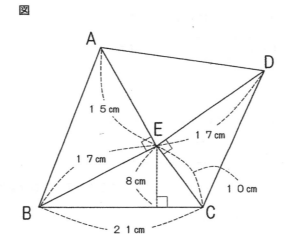

1 三角形ＥＢＣの面積は何 cm² ですか。

2 三角形ＡＥＤの面積は何 cm² ですか。

平成28年度

福岡教育大学附属中学校入学者選考学力検査問題

3　社会　（※社会と理科は2科目40分）

※　答えはすべて解答用紙に記入すること。

1　「わたしたちの国土」について，次の1〜3の各問いに答えなさい。

1　資料のような工夫をしている場所としてあてはまるものを写真ア〜エから1つ選び，記号で答えなさい。

資料

堤防　　母屋　水屋　　堤防

写真
ア　　　　　　　　イ　　　　　　　　ウ　　　　　　　　エ

2　下はある県の農業のようすのまとめです。あてはまる県を略地図中ア〜エから1つ選び，記号で答えなさい。また，その県名を漢字で答えなさい。

まとめ

・冬の積雪（せきせつ）によってたくわえた雪解け水を，農業に利用することができる。
・米づくりがさかんな地域である。
・夏，山をこえてきた乾いた風によって晴れの日が多く，いねの病気を防ぐことができる。

略地図

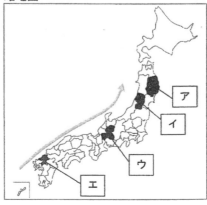

3　略地図の⇒の海流の名前を漢字で答えなさい。また，この海流が与える影響（えいきょう）として関係の深いことがらを，次のア〜エから1つ選び，記号で答えなさい。

ア　流氷　　イ　促成栽培（そくせいさいばい）　　ウ　雪害　　エ　冷害

2 「わたしたちの生活と工業生産」について，次の1～3の各問いに答えなさい。

1　資料1は環境にやさしい自動車のしくみです。何と呼ばれる自動車か，次のア～エから
　1つ選び，記号で答えなさい。

　　ア　電気自動車
　　イ　燃料電池車
　　ウ　ハイブリッド車
　　エ　クリーンディーゼル車

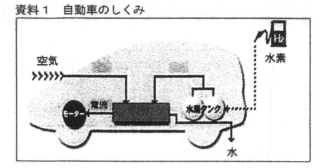

資料1　自動車のしくみ

2　現在，すべての人にとって使いやすい形や機能を考えたデザインの自動車が生産されるよう
　になってきました。このような自動車として<u>あてはまらないもの</u>を次のア～エから1つ選び，
　記号で答えなさい。
　　ア　エアバッグ装置が取り付けられている。
　　イ　座席が回転し，車外にでてくるしくみになっている。
　　ウ　メーター表示の文字を大きくし，見やすい配置にしている。
　　エ　ブレーキの操作が手だけでできるしくみになっている。

3　資料2は国内の貨物輸送量の割合を示したグラフです。資料2中②・③にあてはまる輸送
　の方法を，次のア～エから1つずつ選び，記号で答えなさい。
　　ア　自動車輸送　　　　イ　鉄道輸送　　　　ウ　航空輸送　　　　エ　船舶輸送

資料2　国内の貨物輸送量の割合

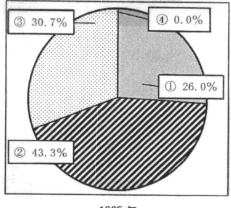

1965年

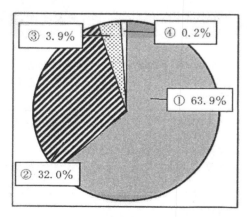

2009年

（国土交通省）

平成２８年度

福岡教育大学附属中学校入学者選考学力検査問題

４　理科 （※社会と理科は２科目40分）

※　答えはすべて解答用紙に記入すること。

---

1 虫めがねや温度計について，次の１，２の各問いに答えなさい。

１　虫めがねの使い方として最も適切なものを，次の**ア～エ**から１つ選び，記号で答えなさい。

ア　見たいものが動かせるときは，虫めがねを目に近づけて持ち，見たいものを前後に動かす。

イ　見たいものが動かせるときは，虫めがねを目から離して持ち，見たいものを前後に動かす。

ウ　見たいものが動かせないときは，虫めがねと見たいものを一定の間かくにして，顔だけを前後に動かす。

エ　見たいものが動かせないときは，顔を動かさずに虫めがねだけを前後に動かす。

２　温度計を使った温度のはかり方として<u>まちがっているもの</u>を，次の**ア～エ**から１つ選び，記号で答えなさい。

ア　えきの先が目もりの線と線の間にあるときは，近いほうの目もりを読む。

イ　えきの先が動かなくなったときに，目もりを読む。

ウ　土の温度をはかるときは，土をほってえきだめを入れ，土をかぶせる。

エ　晴れた日の気温をはかるときは，日光が直接当たるところではかる。

---

2 右の**図**のように同じくらいに成長したインゲンマメを使って，実験を行いました。①は日光に当て，水をあたえました。②は日光に当て，肥料をとかした水をあたえました。③は日光に当てず，肥料をとかした水をあたえました。右の**表**は，実験の条件をまとめたものです。次の１，２の各問いに答えなさい。

図

表

	①	②	③
日光	当てる	当てる	当てない
水	あたえる	あたえる	あたえる
肥料	あたえない	あたえる	あたえる

１　植物の成長に肥料が必要かどうかを調べるには，①～③のどれとどれを比べるとよいですか。次の**ア～ウ**から１つ選び，記号で答えなさい。

ア　①と②　　**イ**　②と③　　**ウ**　①と③

２　植物の成長に日光が必要かどうかを調べるには，①～③のどれとどれを比べるとよいですか。次の**ア～ウ**から１つ選び，記号で答えなさい。

ア　①と②　　**イ**　②と③　　**ウ**　①と③

3 気体の性質について，次の1，2の各問いに答えなさい。

1 ものが燃えるときの空気の変化を調べるために，実験1を行いました。

実験1
(1) びんにふたをし，図のようにして気体検知管を使って，びんの中の
空気の酸素や二酸化炭素の割合を調べたところ，酸素が21％，二酸化
炭素が0.04％でした。
(2) びんの中に火のついたろうそくを入れ，ふたをして火が消えるまで待ち
びんの中の空気を，(1)と同じように気体検知管を使って調べました。

気体検知管

(2)の結果として最も適切なものを，次のア～エから1つ選び，記号で答えなさい。

	ア	イ	ウ	エ
酸素	17％	0％	17％	0％
二酸化炭素	83％	83％	3％	3％

2 実験1で，ろうそくの火が消えた理由について，ひろしさんとよしこさんはそれぞれ次のような予想をしました。
　・ひろしさんの予想　「二酸化炭素が増えたから消えた。酸素の量は関係ない。」
　・よしこさんの予想　「酸素が減ったから消えた。二酸化炭素の量は関係ない。」
そこで，予想を確かめるために，実験2を行うことにしました。

実験2
酸素が30％，二酸化炭素が70％の割合になるようにそれぞれの気体を入れたびんに，
火のついたろうそくを入れ，ふたをして火が消えるまで待ちました。

次の文の①，②にあてはまるものの組み合わせとして適切なものを，下のア～エから1つ選び，記号で答えなさい。
　・ひろしさんの予想が正しいならば，火は①（A　すぐに消える　B　しばらくして消える）。
　・よしこさんの予想が正しいならば，火は②（A　すぐに消える　B　しばらくして消える）。

	ア	イ	ウ	エ
①	A	A	B	B
②	A	B	A	B

4 月について，次の1，2の各問いに答えなさい。

図

○ 太陽

1 右の図のように，正午ごろ，東の空に見える月の
形はどれですか。最も適切なものを下のア～オから
1つ選び，記号で答えなさい。ただし，ア～オは月
が南の空にあるときの形を表したものである。

（ ） 月

東　　　南　　　西

ア　　　イ　　　ウ　　　エ　　　オ

2 月についての説明としてまちがっているものを，次のア～エから1つ選び，記号で答えなさい。
ア　半月は，満月と同じように，東のほうからのぼり南の空を通って西のほうへしずむ。
イ　月は，太陽と同じように，東のほうからのぼり南の空を通って西のほうへしずむ。
ウ　月は毎日少しずつ見える形を変えて，およそ30日（1か月）かかってもとの形にもどる。
エ　月は，太陽と同じように，自分で光を出してかがやいている。

2	1	2
	番目	

3	1	2
	cm²	cm²

4
分

5	1	2
	:	cm

6	1	2
	倍	km

3	1		2		3
	記号	武士	作者	記号	

4	1		2	3
	記号	工場		

5	1			2	3
	あ	①	②		
	権				

4	1	2

5	1	2

6	1	2
	木と鉄を比べると

7	1	2

K 教英出版

平成２８年度　入学者選考学力検査解答用紙

４　理科

※　答えはすべて解答らんのわくの中に書きなさい。

受検番号	
氏　名	

○　　　　　　　　　　○

理　科

1	1	2

2	1	2

	1	2

平成 28 年度　入学者選考学力検査解答用紙

3　社会

※　答えは全て解答らんのわくの中に書きなさい。

受検番号	
氏　名	

○　　　　　○

社　会	※15 点満点
	（配点非公表）

1	1	2		3	
		記号	県	海流	記号
			県		

【解答用

平成２８年度　入学者選考学力検査解答用紙

２　算　数

受検番号	
氏　名	

※　答えはすべて解答らんのわくの中に書きなさい。

○　　　　　　　　　　○

※30 点満点
（配点非公表）

1	1	2	3
			：
	4	5	6

5 電磁石について，次の1，2の各問いに答えなさい。

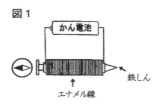

図1

1 鉄しんにエナメル線を200回まいて電磁石を作り，方位磁針
を近づけたところ，針の向きが変わって図1のようになりました。
次に，図1の電磁石とかん電池の向きをいろいろと変えて，方位
磁針の針の向きを調べました。このとき，針の向きとして適切な
ものを，次のア～エから2つ選び，記号で答えなさい。

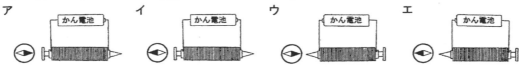

2 図2のように，電磁石と手回し発電機を使って，机の上に置いたクリップを持ち上げる実験
①～③を行いました。

実験

① 手回し発電機のハンドルを一定の速さで回したとき，持ち上
げることができたクリップの個数を調べた。

② 手回し発電機のハンドルを①よりも速く同じ向きに回したと
き，持ち上げることができたクリップの個数を調べた。

③ 手回し発電機のハンドルを①と同じ速さで逆向きに回した
とき，クリップが持ち上がるかどうかを調べた。

図2

手回し発電機

この実験の結果として最も適切なものを，次のア～エから1つ選び，記号で答えなさい。

	ア	イ	ウ	エ
②の結果	①と変わらない	①と変わらない	①よりも多い	①よりも多い
③の結果	持ち上がる	持ち上がらない	持ち上がる	持ち上がらない

6 ものの重さについて，次の1，2の各問いに答えなさい。

1 水を入れてせんをしたフラスコを1つ準備しました。フラスコが動かないようにしながら，
次の①～③のように重さをはかりました。その結果として最も適切なものを，下のア～エか
ら1つ選び，記号で答えなさい。

①広い面を下にした　　　　②せまい面を下にした　　　　③横にたおした

ア ①がいちばん重くなる　　　　イ ②がいちばん重くなる
ウ ③がいちばん重くなる　　　　エ 全て同じ重さである

2 同じ重さの木の球と，鉄の球の体積を比べると，木の球の方が鉄の球に比べて体積が大きく
なります。このことから言えることを，「木と鉄を比べると」の書き出しからはじめて，「同じ
体積」ということばを使い，説明しなさい。

7 さおばかりやはさみについて，次の１，２の各問いに答えなさい。

1 ある店では，卵を重さによって３つのサイズに分けています。

> Ｓサイズ：５０gより軽い　Ｍサイズ：５０gから７０g　Ｌサイズ：７０gより重い

卵のサイズを調べるために，次のような方法で「さおばかり」を作りました。

「さおばかり」の作り方

準備　長さ８０cmの棒，糸，皿２枚（この実験では，棒，糸，皿の重さは考えないものとする。）

方法
(1) 棒の真ん中を糸でつるす。（棒は水平になる。）
(2) 図1のように，２０gのおもりをのせた右の皿の位置を決め，５０gのおもりをのせた左の皿の位置を移動させ，つり合わせる。
(3) (2)のときの右の皿をつるした位置に，図1のように５０gのしるしをつける。
(4) 次に左の皿の位置をそのままにして，左の皿にのせるおもりを５０gから７０gに変える。
(5) 右の皿の位置を移動させ，つり合わせて，７０gのしるしをつける。

図1

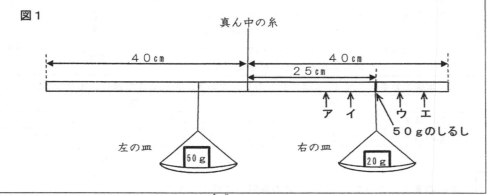

このとき，７０gのしるしの位置として最も適切なものを，図1のア〜エから１つ選び，記号で答えなさい。ただし，ア，イ，５０gのしるし，ウ，エの位置は，それぞれ５cmずつはなれています。

2 図2のように，はさみでかたい紙を切る場合，はさみのどの部分で切ると，最も小さな力で切ることができますか。次のア〜エから適切なものを１つ選び，記号で答えなさい。

図2

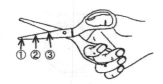

ア　①の位置　　イ　②の位置
ウ　③の位置　　エ　どの位置でも同じ

3　みや子さんは，実際に見学した史跡や文化財をまとめ，**カード**を使って発表することにしました。**カード**を見て，次の1～3の各問いに答えなさい。

カード

①
外国からの攻撃に備えて博多湾につくられた石垣

②
色あざやかな多色刷りの版画

③
墨の濃淡だけで描かれた絵

④
堀などで囲まれたむら

1　みや子さんは，**カード①**の発表原稿を作りました。発表原稿を読み，（あ）～（え）にあてはまる語句を正しく組み合わせたものを次の**ア～エ**から1つ選び，記号で答えなさい。また，この時代に将軍につかえていた武士を何というか，漢字で答えなさい。

発表原稿

　この時代の武士は，将軍から軍事や警察の仕事をおこなう（**あ**）や，年貢の取り立てや犯罪の取りしまりをおこなう（**い**）に任命されました。また，手がらをたてれば（**う**）として将軍から新しい領地を与えられ，戦いが起これば，（**え**）として将軍のために命がけで戦いました。

	あ	い	う	え
ア	守護	地頭	ご恩	奉公
イ	地頭	守護	奉公	ご恩
ウ	地頭	守護	ご恩	奉公
エ	守護	地頭	奉公	ご恩

2　**カード②**は「東海道五十三次」の中の1枚です。この絵の作者を答えなさい。また，発表の時に，みや子さんが**カード②**と同じ時代の資料として選んだものを，次の**ア～エ**から1つ選び，記号で答えなさい。

ア

イ

ウ

エ

3　**カード①**～④を時代の古い順に並べかえたときに，3番目にくるものを，次の**ア～エ**から1つ選び，記号で答えなさい。

ア　カード①　　　イ　カード②　　　ウ　カード③　　　エ　カード④

4 「明治以降の日本の工業」について，**説明**を読んで，次の1〜3の各問いに答えなさい。

説明

　日本の産業の近代化は，明治政府の殖産興業（しょくさんこうぎょう）から始まりました。<u>A生糸を生産する官営の工場</u>をはじめ，近代的な工場がつくられました。また，日清戦争の後，北九州に八幡製鉄所がつくられ，<u>B日本で重工業が発達した</u>のです。そして太平洋戦争の後，<u>C日本は高度経済成長期をむかえ</u>，それ以降，現在では世界でもっとも工業の進んだ国の一つとなったのです。

資料

1　**資料**は**説明**中の下線部Aの工場です。この工場がつくられた県はどこですか。**略地図**中のア〜エから1つ選び，記号で答えなさい。また，この工場の名前を答えなさい。

2　**説明**中の下線部Bのころ，栃木県（とちぎ）足尾銅山（あしお）で発生した公害問題に取り組んだ衆議院議員（しゅうぎいん）は誰か，答えなさい。

3　**説明**中の下線部Cについて，1970年代に「3C」と呼ばれ，家庭に広まった電化製品を次のア〜エから1つ選び，記号で答えなさい。

ア　電気洗濯機（せんたく）　　イ　電気冷蔵庫
ウ　クーラー　　　　　　　　エ　コンピュータ

略地図

[略地図：イ，エ，ウ，ア]

---

5 「わたしたちの生活と政治」について，次の1〜3の各問いに答えなさい。

資料1　2015年6月18日の新聞記事

（あ）権「18歳」に

参議院本会議で決定

来夏参院選から適用

改正公選法成立／新たに240万人有権者

資料2　S市の市議会で議決された宣言の一部

　いま，世界は核兵器をもつ国の終わりの見えない軍事力拡大の競争の中にあり，人類が生きていくことがあやぶまれています。
　わたしたちは世界で初めて原爆の被害を受けた国民として再び「広島」「長崎」の悲劇（ひげき）をくり返させてはならない責任があります。わたしたちは，平和的な社会の実現を願ってすべての<u>核兵器が廃絶される（はいぜつ）</u>まで行動することを宣言します。

1　**資料1**は主権をもつわたしたち国民の権利についての新聞記事です。**資料1**中の（あ）にあてはまる権利を漢字で答えなさい。また，この権利が日本で初めて認められたときの資格について説明した次の文の（①）・（②）にあてはまる数字を答えなさい。

　　税金を直接国に（①）円以上納めた（②）歳以上の男子

2　**資料2**中の下線部について，日本の国会と政府は「核兵器をもたない。つくらない。もちこませない。」という考えをかかげています。この考えを何というか答えなさい。

3　**資料2**のように市議会で議決し，その市の中で通用するきまりを何というか。次のア〜エから1つ選び，記号で答えなさい。

ア　法律　　　　イ　規則　　　　ウ　命令　　　　エ　条例（じょうれい）

4 　常に一定量の水を入れ続けているプールがあります。このプールの水がある量になったとき，水をすべてくみ出すのにポンプ４台では１６分，ポンプ７台では８分かかります。

　　ポンプ９台では何分かかりますか。ただし，ポンプはすべて同じものとします。

5 　下の**図１**のような底面が正六角形である六角柱の容器があります。この容器に，**図２**のような底面と垂直に交わる３つの仕切り板をいれ，Ａ，Ｂ，Ｃ，Ｄの４つに分けます。Ａの部分には，１６cmの高さまで水を入れ，Ｂの部分には，Ａに入っている水の高さの半分まで水を入れ，Ｃの部分には，Ｂに入っている水の高さの半分まで水を入れ，Ｄの部分には，Ｃに入っている水の高さの半分まで水を入れました。

　　このとき，下の１，２の各問いに答えなさい。ただし，仕切り板の厚さは考えないものとします。また，仕切り板と容器は，すきまなく，ぴったりくっついているものとします。

図１　　　　　　　　　　　　　　図２

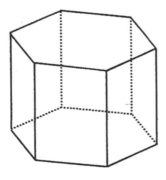 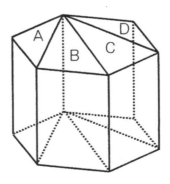

1　Ａの部分とＣの部分に入っている水の量の比を求めなさい。ただし，最も簡単な比で答えなさい。

2　３つの仕切り板を全て取り除くと，容器の水の高さは何cmになりますか。

6　川上から川下に向かって水が時速３kmの速さでまっすぐ流れる川があります。その川の川下にＰ地点，川上にＱ地点があります。船アと船イは同時にＰ地点を出発して，Ｑ地点に向かいました。水の流れがない時の船アの速さは時速１５kmで，船イの速さは時速９kmです。船アはＱ地点に着いて１時間後に今度はＰ地点に向かって出発し，船アがＰ地点に着いたとき船イがちょうどＱ地点に着きました。下の図は，そのときの様子を表したものです。

　　下の１，２の各問いに答えなさい。

図

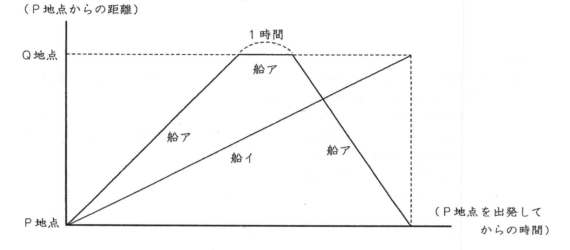

1　船イがＰ地点からＱ地点に行くのにかかった時間は，船アがＱ地点を出てからＰ地点に帰ってくるのにかかった時間の何倍ですか。

2　Ｐ地点とＱ地点の距離は何kmですか。

| 1 | 次の 　　　　　 の中にあてはまるもっとも簡単な数を答えなさい。

1　$15 - 12 \div (24 - 6) \times 9 =$ 　　　　　

2　$\left(\dfrac{2}{9} - \dfrac{1}{6}\right) \times 18 + \left(\dfrac{1}{3} - 0.25\right) \div \dfrac{5}{12} =$ 　　　　　

3　直角をはさむ２辺の長さが９cmと１２cmで，ななめの辺の長さが１５cmの直角三角形があります。この直角三角形をしきつめてもっとも小さい正方形をつくります。このとき，直角三角形は全部で 　　　　　 個 必要です。

4　みきさんは，昨日おばあさんにみかんを何個かもらいました。みきさんの家族みんなで，そのみかんの個数の $\dfrac{1}{3}$ を昨日食べ，今日は１２個を食べました。すると，今日の残りの個数は，昨日食べたあとの残りの個数の $\dfrac{3}{4}$ でした。みきさんが昨日おばあさんにもらったみかんの個数は，　　　　　 個 です。

5　ある学校の陸上クラブの５月の男子の人数と女子の人数の比は４：５でしたが，６月に男子が５人ふえ，女子が４人ふえたので，男子の人数と女子の人数の比が７：８になりました。このとき，５月の男子の人数は 　　　　　 人 です。

6　右のグラフは，なつみさんの家の農産物による収入の種類別の割合を表したものです。

2013年のなつみさんの家の農産物による収入の合計は，200万円で，2010年の米の収入と2013年の米の収入が等しくなりました。このとき，2010年のなつみさんの家の農産物による収入の合計は 　　　　　 万円 です。

なつみさんの家の農産物による収入の種類別の割合

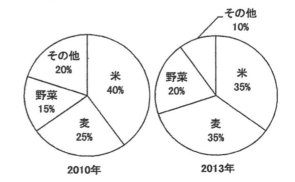

その他 20%
野菜 15%
麦 25%
米 40%
2010年

その他 10%
野菜 20%
麦 35%
米 35%
2013年

2　　てつやさんはお店に 10 円のおかし，50 円のおかし，100 円のおかしの 3 種類のおかしを買いに
行きました。この 3 種類のおかしをあわせて 67 個買って合計の値段を計算すると 3120 円になる
と思っていましたが，2 種類のおかしの値段を入れかえて計算していたため，実際の合計の値段
は 3420 円になりました。実際に買った 100 円のおかしの個数は何個でしたか。ただし，3 種類
のおかしはそれぞれ 1 個以上買うものとし，消費税は値段にふくまれているものとします。

3　　下の図のような長方形ＡＢＣＤがあり，この長方形ＡＢＣＤの面積は 140cm² です。また，
長方形ＡＢＣＤの 2 つの対角線が交わった点をＥとし，ＢＣとＣＥとＥＢでかこまれた線の内側
に点Ｆをとります。さらに，ＡＣとＤＦが交わった点をＧとします。
　　三角形ＡＢＦの面積が 42cm²，三角形ＢＣＦの面積が 21cm² であるとき，下の 1，2 の各問い
に答えなさい。

図

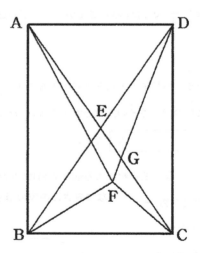

1　　三角形ＢＤＦの面積は何 cm² ですか。

2　　三角形ＤＥＧの面積は三角形ＣＦＧの面積より何 cm² 大きいですか。

平成２７年度

福岡教育大学附属中学校入学者選考学力検査問題

３　社会 （※社会と理科2科目40分）

※ 答えはすべて解答用紙に記入すること。

---

1 「日本の自然環境と国土」についての会話文を読んで，次の１～３の各問いに答えなさい。

会話文

> あけみ：わたしが住んでいる家には台風を防ぐための工夫があります。さとるさんの家にはどんな
> 　　　　工夫がありますか。
> さとる：気温が０度以下の日が多いので，厳しい寒さを防ぐための工夫があります。あけみさんの
> 　　　　住んでいる都道府県では，雪が降りますか。
> あけみ：冬でも雪は降りません。１年を通して気温が高く，年間の平均気温が20度をこえます。海
> 　　　　には「さんごしょう」があり，とてもきれいです。
> さとる：周りをすべて海で囲まれている点は，あけみさんの住んでいる都道府県と同じです。ぼく
> 　　　　が住んでいる家の近くの海には，冬になると氷（流氷）がおしよせてきます。
> あけみ：わたしが住んでいる都道府県には，<u>日本の領土のはしにあたる島</u>があります。さとるさん
> 　　　　の住んでいる地域にもありますよね。
> さとる：ありますが，その島に自由に行くことはできません。

1 あけみさんが住んでいる家を次のア～エから１つ選び，記号で答えなさい。

ア　　　　　　　　　イ　　　　　　　　　ウ　　　　　　　　　エ

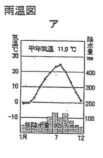 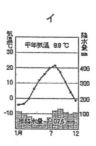 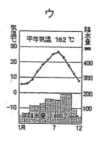 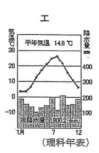

2 会話文中の下線部にあたる島を次のア～エから１つ選び，記号で答えなさい。
ア　沖ノ鳥島　　　イ　択捉島　　　ウ　与那国島　　　エ　南鳥島

3 さとるさんが住んでいる都道府県の都道府県庁所在地名を<u>ひらがな</u>で書きなさい。また，その都道
府県庁所在地の雨温図を次のア～エから１つ選び，記号で答えなさい。

雨温図
ア　　　　　　　　　イ　　　　　　　　　ウ　　　　　　　　　エ

（理科年表）

2 「日本の産業と貿易」について，次の1〜3の各問いに答えなさい。

1 資料1から読み取ることができる1960年の日本の貿易のあり方を漢字4字で答えなさい。

資料1　1960年の日本の輸出入品の割合

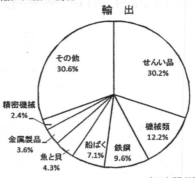

（日本関税協会）

2 資料2から読み取ることができることと日本の中小工場の特ちょうとを正しく説明したものを次の
　ア〜エから1つ選び，記号で答えなさい。

ア　日本の工場数のうち99％以上が中小工場であり，
　その多くは大工場に製品をおさめている。

イ　日本の工場で働く人のうち中小工場で働く人の
　割合は30％以下で，海外から働きにきている人が
　多い。

ウ　日本の工業出荷額にしめる中小工場の割合は50
　％以下で，おもに国内販売をうけもち製品を外国
　に輸出することはない。

エ　日本の工場で働く人の給与額のうち中小工場の
　割合は60％以上で，独自の技術が世界で評価され
　ている中小工場が多い。

資料2　日本の工場の大きさ別の割合（2010年）

働く人の数による工場の大きさ	工場数(%)	働く人の数(%)	工業出荷額(%)	給与額(%)
9人以下	71.4	12.7	2.9	6.1
10〜19人	12.5	9.2	3.9	7.0
20〜29人	6.1	8.0	4.2	6.4
30〜49人	3.6	7.5	4.9	6.9
50〜99人	3.4	12.7	9.9	11.7
100〜299人	2.3	20.3	21.2	21.2
300〜499人	0.4	8.3	13.2	9.4
500〜999人	0.2	8.7	13.5	11.3
1000人以上	0.1	12.7	26.2	19.6

※割合は合計が100になるようには調整していない

（経済産業省）

3 資料3は，もも，ぶどう，りんご，レタス，きゅうりの生産量が多い都道府県を表しています。ま
　た，資料3中のあ〜おは略地図中の都道府県を示しています。資料3中の②・③にあてはまる農産物
　の組み合わせとして正しいものを次のア〜エから1つ選び，記号で答えなさい。

ア　②きゅうり　　③ぶどう
イ　②ぶどう　　　③レタス
ウ　②もも　　　　③りんご
エ　②レタス　　　③もも

略地図

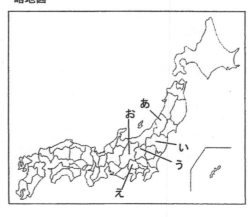

資料3　生産量が多い都道府県（2011年）

	①	②	③	④	⑤
1位	宮崎	お	え	え	青森
2位	う	茨城	い	お	お
3位	埼玉	う	お	あ	岩手
4位	い	兵庫	和歌山	岡山	あ
5位	千葉	長崎	あ	福岡	い

（農林水産省）

1 　次の１，２の各問いに答えなさい。

1　バッタの育ち方として，もっとも適切なものを次のア～エから１つ選び，記号で答えなさい。
　ア　「たまご」から「せい虫」になる。
　イ　「たまご」から「よう虫」，「よう虫」から「せい虫」になる。
　ウ　「たまご」から「よう虫」，「よう虫」から「さなぎ」，「さなぎ」から「せい虫」になる。
　エ　「たまご」ではなく「せい虫と同じ形」で生まれ，大きくなる。

2　ア～エの動物の中から，こん虫を１つ選び，記号で答えなさい。

ア　　　　　　　　イ　　　　　　　　ウ　　　　　　　　エ

2 　次の１，２の各問いに答えなさい。

1　図は，やかんに入れた水がふっとうしているようすを
　表しています。図の「湯気」，「見えない部分」，「あわ」，
　「湯」の中で水じょう気はどの部分ですか。水じょう気
　と考えられる部分を，次のア～エから**すべて**選び，記号
　で答えなさい。

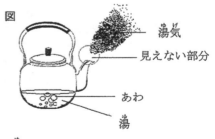

図

湯気

見えない部分

あわ

湯

　ア　湯気　　イ　見えない部分　　ウ　あわ　　エ　湯

2　寒い日の朝，部屋の窓ガラスの内側の面がくもりました。窓ガラスの内側の面がくもった理由を「水
　じょう気」ということばを使って説明しなさい。

3 　100ｇの重さのビーカーAに入った30℃の水50mLに，食塩を5ｇずつ加えてガラス棒でよくかきまぜたところ，加えた食塩が合計20ｇのときに食塩の一部がとけずに残りました。そこで実験をやりなおして，食塩を15ｇ加えたあとからは，1ｇずつ加えてよくかきまぜたところ，30℃の水50mLには食塩を18ｇまでとかすことができるとわかりました。次の1，2の各問いに答えなさい。

1 　100ｇの重さのビーカーに入った30℃の水50mLに，20ｇの食塩を加えてよくかきまぜたとき，ビーカーを含めた全体の重さは何ｇになりますか。

2 　ビーカーAの30℃の水50mLに，食塩を20ｇ加えてガラス棒でよくかきまぜ，図1のようにろ過しました。ろ過されてビーカーBにたまった液（ろ液）に，図2のように食塩を1ｇ加えてガラス棒でよくかきまぜるとどうなりますか。もっとも適切なものを次のア～エから1つ選び，記号で答えなさい。ただし，ろ過はとけ残ったつぶ（固体）をとりのぞくそうさとします。

ア　すぐに1ｇの食塩はすべてとける。　　　　イ　時間はかかるが1ｇの食塩はすべてとける。
ウ　約0.5ｇの食塩はとける。　　　　　　　　エ　加えた1ｇの食塩はとけない。

図1

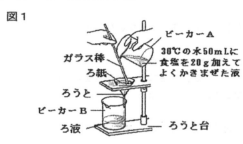

図2

4 　図は，三角フラスコに，赤色に着色した色水を入れ，その色水の中に根，くき，葉のついたホウセンカをひたしたときのようすを示したものです。色水にひたして24時間後に，①根，②くき，③葉のつけ根，を横に切って，切り口のようすを観察しました。次の1，2の各問いに答えなさい。

1 　図の○をつけた①～③のどの部分に色がつきますか。もっとも適切なものを次のア～エから1つ選び，記号で答えなさい。
ア　①，②，③のそれぞれの一部分に赤い色がつく。
イ　①，②のそれぞれの一部分に赤い色はつくが，③にはつかない。
ウ　②，③のそれぞれの一部分に赤い色はつくが，①にはつかない。
エ　②の切り口の一部分に赤い色はつくが，①と③にはつかない。

2 　②の切り口のスケッチとして，もっとも適切なものを次のア～エから1つ選び，記号で答えなさい。

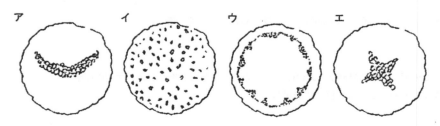

2	個

3	1	2
	cm²	cm²大きい

4	1	2
	番め	

5	1	2
	cm³	分間

6	1	2
	分速　　　　　　　　　m	図書館から　　　　　　　　　mの地点

3	1	2		3	
		道具	目的	記号	地名

4	1	2	3
			条約

5	1	2	3

3	1	2
	g	

4	1	2

5	1	2

6	1	2

7	1	2

平成２７年度　入学者選考学力検査解答用紙

４　理科

※　答えはすべて解答らんのわくの中に書きなさい。

受検番号	
氏　名	

○　　　　　　　　　○

理　科

※15 点満点
（配点非公表）

1	1	2

2	1	2

平成 27 年度　　入学者選考学力検査解答用紙

3　社会

※　答えは全て解答らんのわくの中に書きなさい。

受検番号	
氏　名	

○　　　　　　　○

社　会

1	1	2	3	
			都道府県庁所在地	雨温図
			市	

【解答用

平成２７年度　入学者選考学力検査解答用紙

２　算　数

※　答えはすべて解答らんのわくの中に書きなさい。

受検番号	
氏　名	

○　　　　　　　　　○

※30 点満点
（配点非公表）

1	1	2	3
			個
	4	5	6

<table>
<tr><td>5</td><td>次の１，２の各問いに答えなさい。</td></tr>
</table>

1　気温の調べ方として，もっとも適切なものを，次の**ア～エ**から１つ選び，記号で答えなさい。
　ア　気温は地面近くで，温度計に直接，日光があたるようにして測る。
　イ　気温は地面近くで，温度計に直接，日光があたらないようにして測る。
　ウ　気温は地面から 1.2～1.5m くらいの高さで，温度計に直接，日光があたるようにして測る。
　エ　気温は地面から 1.2～1.5m くらいの高さで，温度計に直接，日光があたらないようにして測る。

2　図１は，棒を地面に立て，できたかげの長さが，１日の中でどのように変化するかを調べようとしたものです。図２は，ある日の１時間ごとのかげの長さの変化を表したものです。この図２からわかることを，次の**ア～キ**から**すべて**選び，記号で答えなさい。
　ア　午前７時から正午の間で，時間がたつにつれて，太陽の高さはしだいに低くなった。
　イ　午前７時から正午の間で，時間がたつにつれて，太陽の高さはしだいに高くなった。
　ウ　午前７時から午後５時の間で，午前７時ごろと午後５時ごろが，太陽の高さが最も高くなった。
　エ　午前７時から午後５時の間で，正午ごろ，太陽の高さが最も低くなった。
　オ　午前７時から午後５時の間で，正午ごろ，太陽の高さが最も高くなった。
　カ　午前７時から午後５時の間で，太陽は，東から南の空を通って西に移動した。
　キ　午前７時から午後５時の間で，太陽は，西から南の空を通って東に移動した。

図１
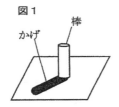

図２
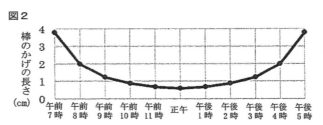

| 6 | 次の1，2の各問いに答えなさい。 |

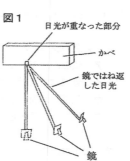

図1

1　図1のように，地面においた3枚の鏡を使って日光をはね返し，かべの一部に重ねて，その場所の明るさと温度を調べました。この結果として，もっとも適切なものを次のア〜エから1つ選び，記号で答えなさい。
　ア　鏡が1枚のときと比べて，明るさも温度も変わらない。
　イ　鏡が1枚のときと比べて，明るさは変わらないが，温度は高くなる。
　ウ　鏡が1枚のときと比べて，明るさは明るくなり，温度も高くなる。
　エ　鏡が1枚のときと比べて，明るさは明るくなるが，温度は変わらない。

2　図2のように，虫めがねで日光を集め，地面においた紙にあてました。虫めがねを紙の上にのせた状態から，かたむきを変えずにゆっくりと紙からはなしていきました。このときの，虫めがねを通った日光の丸い部分の変化について，もっとも適切なものを次のア〜エから1つ選び，記号で答えなさい。

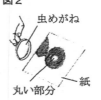

図2

　ア　虫めがねを紙からはなしていくと，丸い部分は小さくなり，明るさは暗くなる。
　イ　虫めがねを紙からはなしていくと，丸い部分は小さくなり，明るさは明るくなる。
　ウ　虫めがねを紙からはなしていくと，丸い部分は大きくなり，明るさは暗くなる。
　エ　虫めがねを紙からはなしていくと，丸い部分は大きくなり，明るさは明るくなる。

| 7 | 図のように，かん電池で動くモーターカーをつくり，Aのたんし，Bのたんしにつなぐ，かん電池のつなぎ方を変えたときの，動く速さや向きの変化を調べました。次の1，2の各問いに答えなさい。なお，モーターの回転は，輪ゴムを使ってタイヤに伝わるようにしています。 |

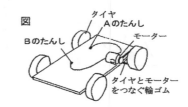

図

1　AのたんしとBのたんしにかん電池をつなぎ，タイヤを地面からはなして，タイヤの回転のようすを調べました。かん電池のつなぎ方を，アのようにしたときと比べて，タイヤの回転は速く，しかも逆向きに回転するかん電池のつなぎ方を，次のイ〜オから1つ選び，記号で答えなさい。

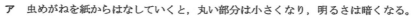

ア	イ	ウ	エ	オ
A　　　　B	A　　　　B	A　　　　B	A　　　　B	A　　　　B

2　あきらくんは，「かん電池を1つつないだものと，かん電池を2つ並列につないだものとでは，回路に流れる電流が変わらないので，モーターカーが走る速さは変わらないのではないか。」と考えました。それを確かめるために，図のAのたんしとBのたんしにかん電池を1つつないだ場合と，かん電池を2つ並列につないだ場合とで，走る速さを比べようとしました。ところが，先生から「実験の条件がそろっていないから，比べることはできないよ。」と言われました。比べることができない理由を答えなさい。なお，実験で使ったかん電池は，新品で同じ種類のものであるとします。

| 3 | 表を見て，次の1～3の各問いに答えなさい。 |

表

飛鳥時代	←A→	戦国時代・安土桃山時代	江戸時代
聖徳太子が政治の改革を行う		織田信長が天下統一に乗り出す	B 羽柴（豊臣）秀吉が検地を行う 検地の様子	C 黒船が来航する  黒船来航の様子	徳川慶喜が政権を朝廷に返す

1 表中のAの期間におこった出来事として**ア～エを古い順に並びかえた場合，3番目にくるもの**を次のア～エから1つ選び，記号で答えなさい。

ア　九州北部に元の大軍が2度にわたりせめてきた。

イ　日本独自のひらがなやかたかながつくられ，すぐれた文学作品が数多く生まれた。

ウ　足利義満が明との貿易を行い，大きな利益を得た。

エ　聖武天皇が，シルクロードを通り中国へ伝わった宝物を集め，保管した。

2 表中のBを行うときに使われた道具として適当なものを**ア～エ**から，検地を始めた目的を**カ～ケ**から，それぞれ1つずつ選び，記号で答えなさい。

【使われた道具】

ア	イ	ウ	エ

【検地を始めた目的】

カ　兵士と農民を区別して，一揆を防ごうとした。

キ　土地や人々を国のものとし，いねや特産物を納めさせようとした。

ク　土地の良し悪しや収穫高，耕作者を記録し，決められた年貢を納めさせようとした。

ケ　守護と地頭を各地におき，武士による反乱を防ごうとした。

3 表中のCについて説明文中の①にあてはまる場所を略地図中のア～エから1つ選び，記号で答えなさい。また，説明文中の①にあてはまる地名を**ひらがな3字**で答えなさい。

説明文

| 1853年，ペリーが4せきの軍艦を率いて（①）に現れ，アメリカ合衆国大統領の手紙を幕府にわたして開国を要求した。 |

略地図

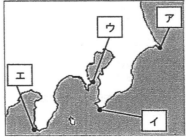

－社会3－

4 日本と中国の歴史について，次の1～3の各問いに答えなさい。

1 日清戦争の説明として<u>あてはまらないもの</u>を次の**ア**～**エ**から1つ選び，記号で答えなさい。

ア 日清戦争は，朝鮮国内の内乱をきっかけにして始まった。

イ 戦争に勝利した日本は，清から多額の賠償金を得て国内の産業を発展させた。

ウ 下関条約で日本は台湾を清からゆずり受け，植民地とした。

エ この戦争の結果，朝鮮半島に勢力をのばした日本はアメリカ合衆国と対立する結果となった。

2 日本の国際連盟からの脱退について正しく説明したものを次の**ア**～**エ**から1つ選び，記号で答えなさい。ただし，文中のA～Dは，略地図中のA～Dを表している。

1933年の略地図

ア 日本は日清戦争後に支配下におさめたAの併合を認められなかったため，国際連盟を脱退した。

イ 日本はBの返還を求められたため，国際連盟を脱退した。

ウ 日本はCの地域につくった国の独立を認められなかったため，国際連盟を脱退した。

エ 日本はDからの資源の輸入を認められなかったため，国際連盟を脱退した。

3 下の年表の（　）にあてはまる，日本と中国が結んだ条約名を<u>漢字</u>で答えなさい。

年表

年	出来事
1951	中国が招待されない中で，サンフランシスコ平和条約に調印する
1972	中国との国交が正常化される
1978	（　　　　　　　）条約を結ぶ

5 まさおさんは，国の政治のしくみについて図にまとめました。図や資料をもとに，次の1～3の各問いに答えなさい。

図

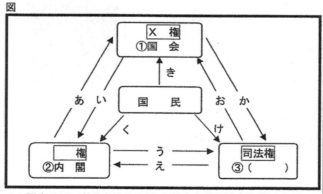

資料

×を書く欄	片 ○	○ 川	裁判官の名	注　意
○ 美子	○ 太郎	○ 仁		一　やめさせた方がよいと思う裁判官については，その名の上の欄に×を書くこと。 二　やめさせなくてよいと思う裁判官については，何も書かないこと。

1 図中のXに当てはまる役割（権限）を<u>漢字2字</u>で答えなさい。

2 まさおさんは，国の政治の仕事について調べ，カードにまとめました。次のカードA・Bの仕事は，図中の①～③のどの機関のものですか。カードA・Bと図中の①～③の機関の組み合わせとして正しいものを次の**ア**～**カ**から1つ選び，記号で答えなさい。

カード	A　外国と結んだ条約を承認する	B　天皇の国事行為に対して助言と承認（決定）を行う

ア A① B③ 　　**イ** A① B② 　　**ウ** A② B①

エ A② B③ 　　**オ** A③ B① 　　**カ** A③ B②

3 資料に関係のある矢印は，図中の **あ**～**け** のどれにあてはまりますか。図中の **あ**～**け** から1つ選び，記号で答えなさい。

2015(H27) 福岡教育大学附属中
K教英出版
－社会4－

4 下の表は，ある一定のきまりにしたがって順番に数を並べたものです。

このとき，下の**1**，**2**の各問いに答えなさい。

表

順番（番め）	1	2	3	4	5	6	7	8	9	10	11	12	13	14	⋯
数	1	2	3	2	3	4	3	4	5	4	5	6	5	6	⋯

1 数の場所に，はじめて 10 があらわれるのは，順番が何番めのときですか。

2 順番が 100 番めの数は何ですか。

5 下の**図1**は，直方体から三角柱を切り取った形をした水そうで，正方形ＡＢＣＤの部分から水を入れることができます。**図1**の水そうに満水になるまで一定の割合で水を入れていきます。

下の**図2**は，水を入れはじめてから 6 分後の水そうの状態を表した図で，水そうの底から 16cm のところまで水が入っています。

このとき，下の**1**，**2**の各問いに答えなさい。

図1
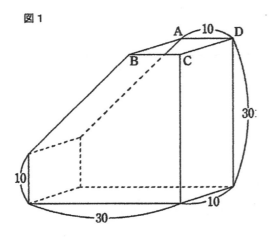

図2
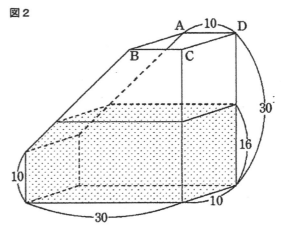

1 **図2**の水そうには何 cm³ 水が入っていますか。

2 空の水そうが満水になるまで，何分間かかりますか。

6　あゆみさんは，9時ちょうどに自転車で家を出発して，家から 4.5km はなれた図書館に向かいました。

　あゆみさんが家を出発してから6分後に，兄のしょうたさんは，自動車で家を出発して，本を返しに同じ図書館へ向かいました。しょうたさんが図書館に着いてから本を返して図書館を出るまで9分間かかり，その後，図書館に向かうときの1.2倍の速さで自動車を運転して家に帰りました。

　しょうたさんが家に着いたとき，ちょうどあゆみさんが図書館に着きました。

　下の図は，そのときのようすを表したものです。このとき，下の**1**，**2**の各問いに答えなさい。

　ただし，図書館に向かうときの自転車の速さ，図書館に向かうときの自動車の速さ，家に帰るときの自動車の速さはそれぞれ一定であり，しょうたさんはあゆみさんと同じ道を往復するものとします。

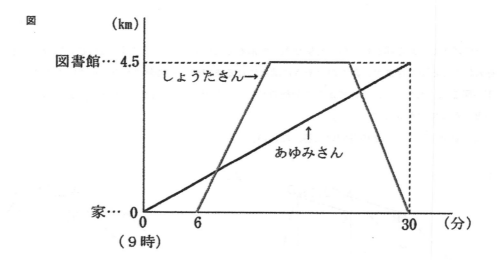

1　あゆみさんが家から図書館に行ったときの自転車の速さは，分速何mですか。

2　しょうたさんが図書館から家に向かう途中で，あゆみさんとすれちがいました。
　あゆみさんとしょうたさんがすれちがったのは，図書館から何mの地点ですか。

平成２６年度
福岡教育大学附属中学校入学者選考学力検査問題
２　算数 (40分)

※　答えはすべて解答用紙に記入すること。

1　次の ☐ の中にあてはまる最も簡単な数を答えなさい。

1　$12+4÷8×(18-12)=$ ☐

2　$2+3.3÷(\frac{2}{5}+1.25)=$ ☐

3　かずきさんは，おばあさんにこづかいをもらいました。そのこづかいの $\frac{1}{3}$ で本を買い，残ったお金の $\frac{2}{3}$ で妹へのおくりものを買ったら，４００円残りました。

　　かずきさんが，おばあさんにもらったこづかいは， ☐ 円 です。

4　ある小学校の男子と女子の人数の比は７：９で，女子の人数は男子の人数よりも５６人多いです。
　　この小学校の男子と女子の合計の人数は， ☐ 人 です。

5　５で割るとあまりが３になる２けたの整数のうちで，６で割るとあまりが４になる最も大きい整数は ☐ です。

6　右の円グラフは，ある年の日本のかいわれ大根の生産量について，都道府県別の割合を表したものです。
　　この年の福岡県のかいわれ大根の生産量は７７７ｔでした。このとき，この年の日本のかいわれ大根の生産量の合計は， ☐ ｔ です。

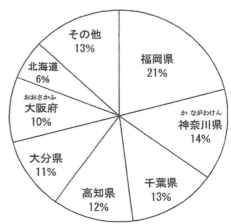

ある年の日本のかいわれ大根の生産量の割合

その他 13%
福岡県 21%
北海道 6%
大阪府（おおさかふ） 10%
神奈川県（かながわけん） 14%
大分県 11%
千葉県 13%
高知県 12%

2 　たけしさん1人では16時間かかり，お父さん1人では8時間かかる仕事があります。この仕事について，たけしさんとお父さんが2人でいっしょに3時間30分働いたあと，残りをたけしさん1人だけで働きました。たけしさんが1人だけで働いた時間は何時間何分ですか。

3 　種類の違う線香Aと線香Bの2本の線香があります。線香Aと線香Bに同時に火をつけたところ，どちらの線香もそれぞれ一定の割合で燃えました。線香Aのはじめの長さは15cmで，燃えつきるのに18分かかりました。また，線香Bは燃えつきるのに12分かかりました。

　線香に火をつけてからの時間と線香の長さの関係をグラフで表すと，右の図のようになりました。

　このとき，下の1，2の各問いに答えなさい。

図　線香に火をつけてからの時間と
　　　線香の長さの関係

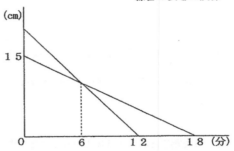

1 　火をつけてから6分後の線香Aの長さは何cmですか。

2 　線香Bのはじめの長さは何cmですか。

1 　　さくらさんは，世界旅行を計画しています。資料１はさくらさんの住んでいる地域を旅行先で紹介するために作成したカードです。次の１～３の各問いに答えなさい。

略地図

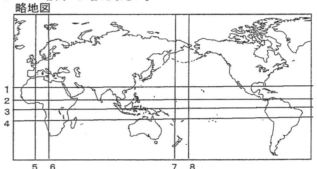

1　さくらさんは，各国の位置を確認するために略地図中に経度と緯度の基準（０度）となる線を引こうと考えています。経度０度の線と緯度０度の線として正しいものを，略地図中１～８からそれぞれ選び，記号で答えなさい。

2　さくらさんは東京を出発し，オーストラリアをゴールとする世界旅行の計画を立てています。このとき，略地図を用いながら，次の**ア**～**カ**の国々を，東まわりで順にめぐる予定です。次の**ア**～**カ**のうち，3番目に訪れる国を選び，記号で答えなさい。

　ア　エジプト　**イ**　ブラジル　**ウ**　ドイツ　**エ**　アメリカ　**オ**　中国　**カ**　インド

3　資料１中の下線部は，さくらさんの住む東京の冬の気候の説明です。（　①　）～（　③　）にあてはまる語句や文を正しく組み合わせたものを次の**ア**～**エ**から１つ選び，記号で答えなさい。

	①	②	③
ア	太平洋側	雨の日が多い	あ
イ	日本海側	雨の日が多い	い
ウ	太平洋側	晴れの日が多い	い
エ	日本海側	晴れの日が多い	あ

（③は，資料２のあ・いを示します。）

資料１　さくらさんが作成した紹介カード

　こんにちは。私は，日本の首都である東京に住んでいます。ここは，政治，情報，経済の中心地です。

　東京の冬の気候は，（　①　）から季節風が吹き，（　②　）です。雨温図は，（　③　）になります。

資料２　雨温図

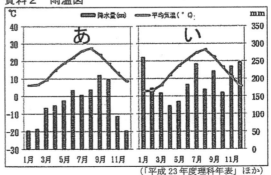

（「平成23年度理科年表」ほか）

2

　ももこさんは，わが国のさまざまな産業の変化について調べました。次の1～3の各問いに答えなさい。

資料1　広告費の移り変わり

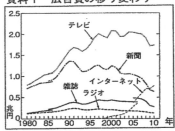

資料2　メディア媒体の年代別の移り変わり

	1980年	1990年	2000年	2009年	単位
新聞の発行部数	46391	51908	50353	49332	千部
インターネット利用者数	―	―	47080	94080	千人
テレビ契約件数	29263	33543	37274	38932	千件
雑誌の発行部数	53	83	240	338	千部

※　資料1中の折れ線グラフが断絶している年は，統計の処理方法が変わった年である。
※　資料2中の「―」は，測定されていないことを示す。

（「日本国勢図会」2012/2013版ほか）

1　資料1，資料2について正しく読み取ったものを，次のア～エから1つ選び，記号で答えなさい。

　ア　1990年以後，雑誌の発行部数の増加にともない，雑誌の広告費も増加しつづけている。
　イ　2000年以後，インターネット利用者数の増加にともない，インターネットの広告費も増加しつづけている。
　ウ　1990年以後，新聞の発行部数の減少にともない，新聞の広告費も減少する一方である。
　エ　2000年以後，テレビ契約件数の増加にともない，テレビの広告費も増加する一方である。

2　レポートは，ももこさんが，工業地域の変化についてまとめたものです。また，資料3は，レポートをおぎなう資料です。レポート中の（　　）にあてはまる語句として正しいものを次のア～エから1つ選び，記号で答えなさい。

資料3　関東内陸工業地域の変化

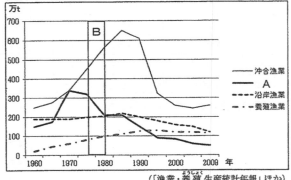

レポート

　日本の主な工業地域は，太平洋ベルトに集中していた。しかし，近年，資料3のように，太平洋ベルト以外でも工業地域が発展するようになった。現在，資料3の工業地域は，生産額において（　　）がもっとも多い。

　ア　金属　　イ　機械　　ウ　化学　　エ　せんい

3　資料4は，ももこさんが漁業種類別生産量について調べた結果です。Bの期間にAの漁業生産量が減少している理由として正しいものを次のア～エから1つ選び，記号で答えなさい。

　ア　排他的経済水域が設定されたから。
　イ　魚の需要が減ったから。
　ウ　森林が減ったから。
　エ　稚魚の飼育量が減ったから。

資料4　漁業種類別生産量の移り変わり

（「漁業・養殖生産統計年報」ほか）

平成２６年度

福岡教育大学附属中学校入学者選考学力検査問題

４　理科 (※社会と理科２科目40分)

※　答えはすべて解答用紙に記入すること。

1　右の図のように，あし首を曲げたり，のばしたりするときのきん肉のようすを調べました。次の１，２の各問いに答えなさい。

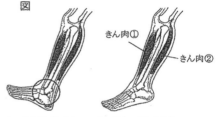

図

きん肉①

きん肉②

あし首を曲げたとき　　あし首をのばしたとき

1　あし首をのばしたとき，きん肉①ときん肉②は，それぞれどのようになっていると考えられますか。もっとも適切なものを次の**ア〜エ**から１つ選び，記号で答えなさい。
　ア　きん肉①ときん肉②のどちらもちぢむ。
　イ　きん肉①ときん肉②のどちらもゆるむ。
　ウ　きん肉①はゆるみ，きん肉②はちぢむ。
　エ　きん肉①はちぢみ，きん肉②はゆるむ。

2　体には，曲げられるところと曲げられないところがあります。図の ◯ の部分のように，ほねとほねのつなぎ目で曲げられるところを何といいますか。<u>漢字で答えなさい。</u>

2　メダカを水槽で飼うために，池からメダカと水，水草をとってきて，右の図のように水槽に入れ，数日間観察をしました。次の１，２の各問いに答えなさい。

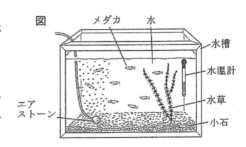

図　　メダカ　　水

水槽

水温計

水草

小石

エアストーン

1　自然の池や川でメダカが食べているものとして，もっとも適切なものを次の**ア〜オ**から１つ選び，記号で答えなさい。

　ア　水草　　　　**イ**　タニシ　　　　**ウ**　ミジンコ　　　　**エ**　ザリガニ　　　　**オ**　カエル

2　メダカを水槽で飼うときの水のかんきょうとして，もっとも適切なものを次の**ア〜オ**から１つ選び，記号で答えなさい。
　ア　水槽の水がにごったら，全部の水をくみおきの水ととりかえる。
　イ　水槽の水がにごったら，全部の水をメダカがすんでいた池の水ととりかえる。
　ウ　水槽の水がにごったら，半分くらいの量を水道水ととりかえる。
　エ　水槽の水がにごったら，半分くらいの量をくみおきの水ととりかえる。
　オ　水槽の水がにごっても，水を変える必要はない。

3 　5本の試験管①～⑤に，塩酸，食塩水，炭酸水，石灰水，水酸化ナトリウム水よう液のいずれか
の水よう液が入っています。これらの5本の試験管に，どの水よう液が入っているかを調べるため
に，実験1～実験4の順に実験を行いました。次の1～3の各問いに答えなさい。

実験1　蒸発皿に水よう液を数てき取り，水を蒸発させたときのようすを調べると，試験管①と②の水
　　　　よう液は何も残らずに，試験管③～⑤の水よう液では白いものが残った。
実験2　赤色リトマス紙に水よう液をつけて色の変化を調べると，試験管③と④の水よう液は青色に変
　　　　化し，試験管①，②，⑤の水よう液には変化がなかった。
実験3　水よう液にアルミニウムを入れたときのようすを調べると，試験管①と④の水よう液ではあわ
　　　　が出てとけていったが，試験管②，③，⑤の水よう液には変化がなかった。
実験4　試験管②と③の水よう液を混ぜ合わせたようすを調べると，白くにごった。

1　実験1で，①と②の水よう液を蒸発させたとき何も残らなかったのはなぜですか。理由としてもっ
　とも適切なものを次のア～エから1つ選び，記号で答えなさい。
　ア　水を蒸発させると，とけていたものが別のものに変化して見えなくなった。
　イ　水を蒸発させると，とけていたものが気体となって出ていった。
　ウ　水にとかしたときに，とけていたものが小さくなってなくなった。
　エ　もともと何もとけていなかった。

2　実験3で，アルミニウムのかわりに鉄を使ったとき，鉄があわを出してとけていく水よう液が入っ
　ている試験管はどれですか。もっとも適切なものを次のア～オから1つ選び，記号で答えなさい。
　ア　①　　　　イ　②　　　　ウ　③　　　　エ　④　　　　オ　⑤

3　実験1～実験4の結果から，試験管③の水よう液としてもっとも適切なものを，次のア～オから1
　つ選び，記号で答えなさい。
　ア　塩酸　　　　イ　食塩水　　　ウ　炭酸水　　　エ　石灰水　　　オ　水酸化ナトリウム水よう液

4 　下の1，2の各問いに答えなさい。

1　右の図のように，発ぽうポリスチレンの板で作った船の上に磁石をのせて，水の上で自由に動ける
　状態にして浮かべました。磁石が，図のような状態で止まっているとき，図の①～④の示す方位が正し
　い組み合わせを，次のア～オから1つ選び，記号で答えなさい。

	①	②	③	④
ア	北	西	南	東
イ	東	北	西	南
ウ	東	南	西	北
エ	西	北	東	南
オ	西	南	東	北

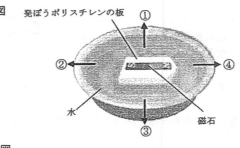
図　発ぽうポリスチレンの板
水
磁石

2　右の図のように，実験用てこの支点から30cm
　の位置に50gのおもりをぶら下げたとき，支点
　から100cmの位置を，つり合いがとれるように
　上から手で押しました。おもりを支点の方へだ
　んだん近づけていくと，手で上から押す力の大
　きさがどうなるかを説明しなさい。ただし，支
　点と手の位置は変えず，実験用てこは，いつも
　つり合いがとれているものとします。

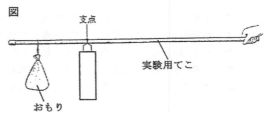
図
支点
実験用てこ
おもり

3	1	2
	cm	cm

4	1	2
	倍	cm^2

5	1		2
	段目の左端から　　　　番目		

6	1	2
	cm^3	cm

2	1	2	3

3	1	2	3

4	1	2	3

5	1	2	3

4	1	2

5	1	2

6	

7	1	2

平成２６年度　入学者選考学力検査解答用紙
４　理　科

※　答えはすべて解答らんのわくの中に書きなさい。

受検番号	
氏　名	

○　　　　　　　　　○

理　科

※15点満点
（配点非公表）

1	1	2

2	1	2

平成２６年度　入学者選考学力検査解答用紙

３　社会

※　答えは全て解答らんのわくの中に書きなさい。

受検番号	
氏　名	

○　　　　○

社　会

※15点満点
（配点非公表）

1	1		2	3
	経度０度	緯度０度		

平成26年度　入学者選考学力検査解答用紙

2　算　数

※　答えはすべて解答らんのわくの中に書きなさい。

受検番号	
氏　名	

○　　　　　　　　　　　　　○

1	1	2	3
			円
	4	5	6
	人		t

5 　水 50mL に食塩を 1 g ずつ加え，何 g までとけるかを，水の温度を 0℃から 50℃まで変えて調べました。次の 1，2 の各問いに答えなさい。

グラフ

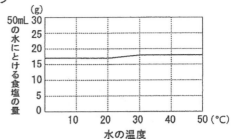

1　右の**グラフ**は，実験の結果を表したものです。
　グラフの結果から，水の温度と水にとける食塩の量の関係について，どのようなことがわかりますか。もっとも適切なものを次の**ア**～**エ**から 1 つ選び，記号で答えなさい。

ア　水の温度が同じとき，水の量が多いほど食塩はたくさんとける。
イ　水の温度が同じとき，水の量が多くなっても食塩のとける量はあまり変わらない。
ウ　水の量が同じとき，温度が高いほど食塩はたくさんとける。
エ　水の量が同じとき，温度が高くなっても食塩のとける量はあまり変わらない。

2　実験の途中で，食塩をとかした水が入ったビーカーと，まだ何もとかしていない 50mL の水だけが入ったビーカーとの区別がつかなくなりました。この 2 つのビーカーを区別するにはどうすればよいですか。①～④の**方法**の中で，もっとも適切な方法の組み合わせを次の**ア**～**オ**から 1 つ選び，記号で答えなさい。

方法
①　なめてみる　　②　ろ過する　　③　蒸発皿に少量とり加熱する　　④　重さをはかってみる

ア　①と②　　　　**イ**　①と③　　　　**ウ**　②と③　　　　**エ**　②と④　　　　**オ**　③と④

6 　下の写真は，ある連続する４日間の人工衛星（気象衛星）による日本付近の雲画像です。日付の早い順にならべるとき，もっとも適切なものを次の**ア～カ**から１つ選び，記号で答えなさい。

①

②

③
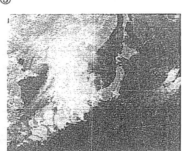

④
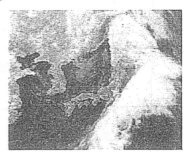

ア ① → ② → ③ → ④ 　　　**イ** ① → ② → ④ → ③

ウ ① → ③ → ④ → ② 　　　**エ** ① → ③ → ② → ④

オ ① → ④ → ② → ③ 　　　**カ** ① → ④ → ③ → ②

7 　ある日の午後の南の空に，右の図のように，右半分がかがやいている月が観察されました。次の１，２の各問いに答えなさい。

図
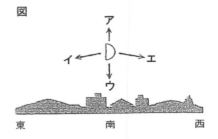

1 　図の位置の月は，２時間後にはどの方向に動いていますか。適切なものを図中の**ア～エ**から１つ選び，記号で答えなさい。

2 　さらに１週間観察を続けていくと，月の形の変化と，図と同じ位置に見える時間の変化はどのようになると考えられますか。もっとも適切なものを次の**ア～オ**から１つ選び，記号で答えなさい。
　ア だんだんと満月に近づき，見える時間が早くなる。
　イ だんだんと満月に近づき，見える時間が遅くなる。
　ウ だんだんと新月に近づき，見える時間が早くなる。
　エ だんだんと新月に近づき，見える時間が遅くなる。
　オ 月の形も，見える時間も変化しない。

|3| 資料を見て，次の1～3の各問いに答えなさい。

資料1　大仙古墳

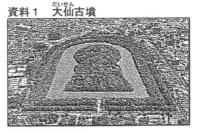

1　資料1の古墳がつくられたころ，大和地方にあらわれた政府の中心人物は何とよばれていたか答えなさい。

2　資料2が描かれた時代と関係の深い人物のカードを次のア～エから1つ選び，記号で答えなさい。

カード

資料2　屏風絵

ア
わたしは，京都に開かれた幕府の将軍で，中国と貿易をしました。

イ
わたしは，貴族にかわって武士としてはじめて政治を行いました。

ウ
わたしは，執権として御家人を率いて外国の軍勢と戦いました。

エ
わたしは，鉄砲隊を率いて武田氏との戦いに勝利しました。

3　次の文中の（ ① ）（ ② ）にあてはまる語句を正しく組み合わせたものを次のア～エから1つ選び，記号で答えなさい。

19世紀の中ごろ，江戸幕府が（ ① ）を結んだことがきっかけで，資料3のような物の価格の変化がおこりました。その結果，都市で（ ② ）の発生件数がふえました。

	①	②
ア	日米修好通商条約	打ちこわし
イ	日米和親条約	百姓一揆
ウ	日米修好通商条約	百姓一揆
エ	日米和親条約	打ちこわし

資料3　物の価格の変化

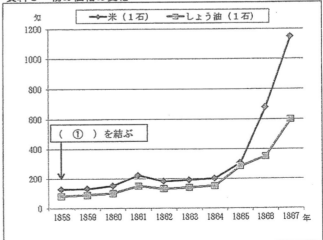

※「匁」は江戸時代の価格の単位。「石」は米やしょう油をはかる単位。
（「江戸物価事典」ほか）

4 たかしくんは明治から平成について調べ，略年表にまとめました。次の1〜3の各問いに答えなさい。

略年表

時代	おもなできごと
明治	①日清戦争，日露戦争がおこる。
大正	男子の普通選挙が実現する。
昭和	大阪で万国博覧会が開かれる。
平成	②サッカーワールドカップが日韓共同で開かれる。

表　日清戦争と日露戦争の比較

	戦死者 （万人）	戦費 （億円）	一戸あたりの税負担額 （円）
日清戦争	1.3	2	14
日露戦争	8.4	17.5	38

（朝日新聞社「日本の歴史」など）

1 たかしくんは，①のできごとについて，表を参考に次のように考えました。その考えとして正しいものを次のア〜エから1つ選び，記号で答えなさい。

　ア　日露戦争の負担や犠牲は日清戦争に比べて小さかった。

　イ　日露戦争は日清戦争より戦いが長引き，国民の税負担が大きくなった。

　ウ　日露戦争は日本国内が戦場になったので，日清戦争より戦死者が増えた。

　エ　日露戦争では負担や犠牲は大きくなったが，戦争に勝利して賠償金を得ることができた。

2 資料にある家電製品が多くの家庭に広がった時代と，その時代のおもなできごととの正しい組み合わせを次のア〜エから1つ選び，記号で答えなさい。

	時代	おもなできごと	
ア	大正	東海道新幹線が開通する。	長野オリンピックが開かれる。
イ	大正	国際連盟に加盟する。	第1次世界大戦がおこる。
ウ	昭和	国際連合に加盟する。	沖縄が日本に返還される。
エ	昭和	日中平和友好条約を結ぶ。	子どもの権利条約を承認する。

資料　家電製品の広告

3 たかしくんは，略年表中下線部②のできごとに興味をもち，日本と朝鮮半島の歴史についてさらに時代をさかのぼって調べ，次のア〜エのカードにまとめました。カードを年代の古い順に並べかえたとき，3番目にくるカードをア〜エから選び，記号で答えなさい。

ア	日韓基本条約を結ぶ。	イ	朝鮮通信使が初めて日本を訪れる。
ウ	韓国（朝鮮）が日本に併合される。	エ	日朝首脳会談が行われる。

5 まさおくんは，身近な税金についてまとめました。税金についてのまとめと資料1，2を見て，次の1〜3の各問いに答えなさい。

まとめ

　地域の公園や道路の建設には，わたしたちがおさめた①税金が使われています。税金をどのように使うか，その②使いみちは様々で，③国民の権利とも深いかかわりがあるようです。

資料1　レシート

資料2　A市の高齢者福祉施設

1 まとめの文中，下線部①について，資料1の　　　に入る語句を漢字で答えなさい。

2 まとめの文中，下線部②について，次の（　　　）に入る語句を下のア〜エから1つ選び，記号で答えなさい。

　　『資料2を建設するために，（　　　　）が税金を使うことを決めた。』

　　ア　国会　　イ　内閣　　ウ　A市議会　　エ　A市役所

3 まとめの文中，下線部③について，資料2の建設ともっともかかわりがある国民の権利を次のア〜エから1つ選び，記号で答えなさい。

　　ア　働く権利　　　　　　　　イ　団結する権利

　　ウ　教育を受ける権利　　　　エ　健康で文化的な生活をする権利

4 下の図は，1辺の長さが6cmの正方形です。辺ADのまん中の点をE，辺DCを3等分する点のうち，Cに近い点をF，BDとEFの交わった点をGとします。

このとき，下の1，2の各問いに答えなさい。

図

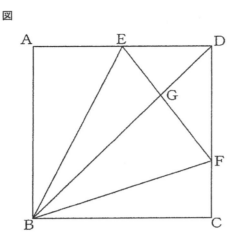

1 三角形DEBの面積は，三角形DFBの面積の何倍ですか。

2 三角形BFGの面積は何cm²ですか。

5 下の図のように，整数を1から順に規則的に並べていきます。

このとき，下の1，2の各問いに答えなさい。

図

					1			
1段目					1			
2段目				2	3	4		
3段目			5	6	7	8	9	
4段目		10	11	12	13	14	15	16
5段目	17	18	19	20	・	・	・	・	・

1 71は何段目の左端（ひだりはし）から何番目の数ですか。

2 ある段のちょうどまん中にある数が111のとき，この段に並んでいるすべての数をたすといくつになりますか。

6 　下の図1は，閉ざされた容器の中に深さ2cmのところまで水を入れたときの図です。四角形AEFB
と四角形DHGCは形も大きさも同じ台形で，他の面はすべて長方形です。図2は，この容器をたおし
て，底面を長方形BFGCにしたときの図です。
　　このとき，下の1，2の各問いに答えなさい。ただし，容器の厚さは考えないものとします。

図1

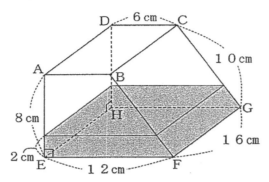

図2

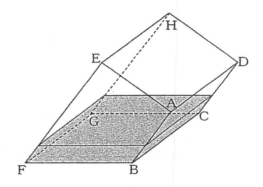

1　図1において，容器に入っている水の体積は何cm³ですか。

2　図2において，水の高さは何cmですか。

2014(H26) 福岡教育大学附属中
Ⓚ教英出版

1　次の　　　　　の中にあてはまる最も簡単な数を答えなさい。

1　$40＋14×（36－28）÷16＝$　　　　　

2　$2＋2.8÷（0.75－\dfrac{2}{5}）＝$　　　　　

3　けんじさんは，ある本を読んでいます。今までにこの本の全体のページ数の $\dfrac{4}{7}$ を読み終えました。あと５４ページ残っています。この本の全体のページ数は全部で　　　ページ　です。

4　ある町のバスセンターからは，北町行きのバスが１５分ごとに，南町行きのバスが１８分ごとに発車しています。北町行きのバスと南町行きのバスが午前６時４０分に，バスセンターから同時に発車しました。次に北町行きのバスと南町行きのバスが，このバスセンターから同時に発車する時刻は，

午前　　　時　　　分　です。

5　５で割っても６で割っても２あまる２けたの整数のうち，７で割ったときあまりが１になる整数は

　　　　　です。

6　右の円グラフは，ある年の日本のりんごの生産量について，都道府県別の割合を表したものです。この年の長野県のりんごの生産量は１３．８万ｔでした。

　このとき，この年の日本のりんごの生産量の合計は，

　　　万ｔ　です。

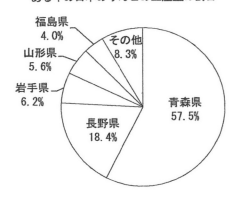

ある年の日本のりんごの生産量の割合
福島県 4.0%
山形県 5.6%
岩手県 6.2%
その他 8.3%
青森県 57.5%
長野県 18.4%

2 　たろうさんは，地域のお楽しみ会の景品として必要なノートを，お店に買いに行きました。

　そのお店には，1冊80円のノート，1冊150円のノート，1冊200円のノートの3種類を売っていました。たろうさんは，この3種類のノートをあわせて20冊買ったところ，代金は2460円でした。また，1冊80円のノートの冊数は，1冊200円のノートの冊数の2倍でした。

　このとき，1冊150円のノートを何冊買いましたか。ただし，消費税は値段にふくまれているものとします。

3 　下の図のように，辺ADと辺BCが平行な台形ABCDがあります。辺AB上に点Eがあり，AEとEBの長さの比が2：1になっています。また，辺ADの長さは6cm，辺BCの長さは10cmです。

　このとき，下の1，2の各問いに答えなさい。

図

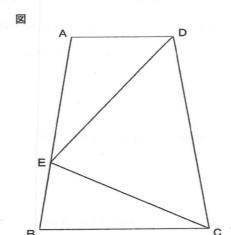

1 　三角形EBCの面積は，台形ABCDの面積の何倍ですか。

2 　台形ABCDの面積が96cm²であるとき，三角形ECDの面積は何cm²ですか。

平成２５年度

福岡教育大学附属中学校入学者選考学力検査問題

３ 社会 （※社会と理科２科目合わせて40分）

※ 答えはすべて解答用紙に記入すること。

1 　かなこさんは，「日本の位置と国土」について調べ，その結果をレポートにまとめました。次の１～３の各問いに答えなさい。

1 　かなこさんは，このレポートをつくるために，下の図で示した地球儀を使いました。これについての説明文中，①～④にあてはまる言葉を正しく組み合わせたものを下のア～エから１つ選び，記号で答えなさい。

図

説明文

　地球儀は，地球をそのまま小さく表した模型であり，いろいろな線が引かれている。北極と南極を結ぶ線を（ ① ）といい，東西それぞれ（ ② ）度まで表される。また，東西の方向に引かれている線を（ ③ ）といい，南北それぞれ（ ④ ）度まで表される。

レポート

「日本の位置と国土」

　わたしは，日本の位置と国土について調べました。

1　日本の位置

　日本は，地球上のどのような位置にあるのかについて調べました。すると，＿＿＿＿＿ことがわかりました。

2　日本の国土

　日本はたくさんの島々から成り立っています。その中の択捉島，国後島，色丹島，歯舞群島については，日本政府はロシア連邦との話し合いを続け，日本にもどるように努力を続けています。

	①	②	③	④
ア	緯線	１８０	経線	９０
イ	緯線	９０	経線	１８０
ウ	経線	９０	緯線	１８０
エ	経線	１８０	緯線	９０

2 　レポート中，日本の位置について説明した　＿＿＿＿＿　の部分にあてはまらないものを次のア～エから１つ選び，記号で答えなさい。

　ア　日本は，北半球にある
　イ　日本は，ユーラシア大陸の西側にある
　ウ　日本は，沖ノ鳥島を南のはしとしている
　エ　日本は，海をはさんで大韓民国や中華人民共和国と，となりあっている

3 　レポート中，「択捉島，国後島，色丹島，歯舞群島」をまとめて何といいますか，漢字４字で答えなさい。

　たけしさんは，「日本の農業と食料生産」について調べました。次の１〜３の各問いに答えなさい。

1　日本における現在の農業のようすについて，次の**ア〜エ**からもっともあてはまるものを**１つ選び**，記号で答えなさい。

　ア　ビニールハウスを利用した野菜づくりを減らしている。
　イ　高速道路の近くでは，くだものを生産する農家が多い。
　ウ　農薬をできるだけ使わない，農薬にたよりすぎない農業が行われている。
　エ　機械を個人で持ち，仕事を個人でおこなう農家が増えている。

2　日本がたくさんの食料を輸入している理由について，次の**ア〜エ**からもっともあてはまるものを**１つ選び**，記号で答えなさい。

　ア　外国産の食料の方が，ねだんが安い。
　イ　外国産の食料の方が，健康によいものが多い。
　ウ　外国産の食料を輸入することにより，日本の農家を支えることができる。
　エ　外国産の食料を輸入することにより，日本で品種改良をおこなう必要がなくなる。

3　たけしさんは，日本の食料自給率の変化について，下の**表**にまとめました。この表について説明した内容として**まちがっているもの**を下の**ア〜エ**から**１つ選び**，記号で答えなさい。

表　　　　　　　　　　食料自給率の変化　　　　　　（単位：％）

	1960 年	1970 年	1980 年	1990 年	2000 年	2010 年
食料全体	79	60	53	48	40	39
米	102	106	100	100	95	97
小麦	39	9	10	15	11	9
大豆	28	4	4	5	5	6
野菜	100	99	97	91	81	81
くだもの	100	84	81	63	44	38
肉類	91	89	81	70	52	56

（『日本国勢図会2012/13』より作成）

　ア　日本において，食料全体の半分以上を輸入するようになったのは，1980 年から 1990 年にかけてである。
　イ　日本において，2010 年の食料全体の自給率は，1960 年の半分以下である。
　ウ　これらの食料のうち，1960 年から 2010 年にかけて，自給率の減り方がもっとも大きいのは，くだものである。
　エ　これらの食料のうち，1960 年から 2010 年にかけて，常に食料全体の自給率より高い自給率を示しているのは４つである。

1

　　底のないびん，ガラス板，ねん土，ろうそくを使って図１の①〜④のような装置をつくり，ろうそくの燃え方について調べる実験を行いました。次の１，２の各問いに答えなさい。なお，底のないびんの大きさや形，ろうそくの長さや太さは，それぞれ同じものとします。

図１

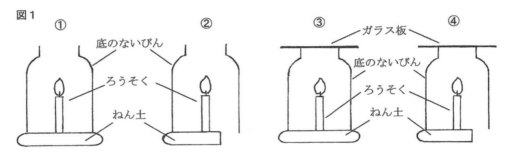

1　ろうそくが，もっともよく燃えた装置はどれですか。図１の①〜④から１つ選び，番号で答えなさい。

2　図１の①の装置のろうそくは，途中で消えることなく，最後まで燃えました。このことから，びんの中の空気や発生した気体の流れはどのようになっていると考えられますか。もっとも適切なものを次のア〜エから１つ選び，記号で答えなさい。なお，図２の中にかいてある矢印は，空気や発生した気体の流れを表すものとします。

図２

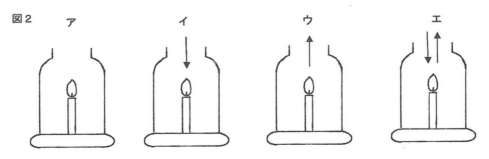

2

図のように，エナメル線，鉄しん，かん電池を使って電磁石をつくり，かん電池のつなぎ方とコイルのまき数を変えて，電磁石の強さを調べました。次の1，2の各問いに答えなさい。なお，エナメル線や鉄しんの長さや太さ，かん電池1個の強さはどれも同じものとします。

図

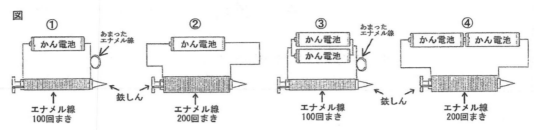

① かん電池 あまったエナメル線
② かん電池
③ かん電池 かん電池 あまったエナメル線
④ かん電池 かん電池

エナメル線 100回まき　鉄しん
エナメル線 200回まき
エナメル線 100回まき　鉄しん
エナメル線 200回まき

1　電流の大きさと電磁石の強さの関係を調べるとき，図の①〜④のどれとどれを比べればよいですか。もっとも適切なものを次のア〜オから1つ選び，記号で答えなさい。

　ア　①と②　　　イ　①と③　　　ウ　②と③　　　エ　②と④　　　オ　③と④

2　電磁石の強さが同じものは，図の①〜④のどれとどれですか。もっとも適切なものを次のア〜オから1つ選び，記号で答えなさい。

　ア　①と②　　　イ　①と③　　　ウ　②と③　　　エ　②と④　　　オ　③と④

3

図のように，ふりこをふらせる装置をつくりました。おもりの重さが10g，ふりこの長さが1mのとき，ふりこが10往復する時間を5回はかると，その平均はおよそ20秒でした。次の1，2の各問いに答えなさい。

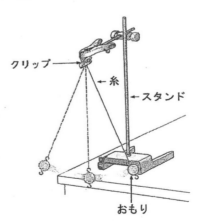

図

クリップ
糸
スタンド
おもり

1　おもりの重さを20gに変え，ふりこが10往復する時間を5回はかりました。ただし，他の条件は図の装置と同じままとします。このとき，ふりこが10往復する時間の5回の平均は，およそ何秒になりますか。もっとも適切なものを次のア〜エから1つ選び，記号で答えなさい。

　ア　およそ5秒　　　　　イ　およそ10秒
　ウ　およそ20秒　　　　　エ　およそ40秒

2　ふりこの長さを50cmに変え，ふりこが10往復する時間を5回はかりました。ただし，他の条件は図の装置と同じままとします。このとき，ふりこが10往復する時間の5回の平均は，どのようになりますか。もっとも適切なものを次のア〜ウから1つ選び，記号で答えなさい。

　ア　20秒より短くなる　　　　　イ　およそ20秒のままである　　　　　ウ　20秒より長くなる

3	1	2
	倍	cm^2

4	1	2
	本	cm^3

5	1	2

6	1	2
	分速　　　　　m	8時　　　　　分

2	1	2	3

3	1	2	3

4	1	2	3

5	1	2	3

4	1	2	3

5	1	2

6	1	2	3

平成２５年度　入学者選考学力検査解答用紙
４　理　科

※　答えはすべて解答らんのわくの中に書きなさい。

○　　　　　　　　○

理　科

※15点満点
（配点非公表）

1	1	2

2	1	2

3	1	2

平成 25 年度　入学者選考学力検査解答用紙

3　社会

※　答えはすべて解答らんのわくの中に書きなさい。

受検番号	
氏　名	

○　　　　　　　○

社　会

※15点満点
（配点非公表）

1	1	2	3		

平成２５年度　入学者選考学力検査解答用紙

2　算　数

※　答えはすべて解答らんのわくの中に書きなさい。

受検番号	
氏　名	

○　　　　　　　　　　　○

※30点満点
（配点非公表）

1	1	2	3
			ページ
	4	5	6
	午前　　時　　分		万 t

4 種子のつくりを調べるために，発芽前後のインゲンマメの種子をカッターで切り，観察を行いました。また，インゲンマメの種子を土にまき，発芽後のようすを調べました。次の1～3の各問いに答えなさい。

図1 図2

1 図1のように，発芽前のインゲンマメを切るときに，事前にしておかなければならないことは何ですか。もっとも適切なものを次の**ア**～**オ**から1つ選び，記号で答えなさい。

ア 空気にふれないように，密ぷうしておく。

イ 水にひたしておく。 **ウ** 部屋にしばらく置いておく。

エ 暗い場所に一晩置いておく。 **オ** 冷蔵庫に入れて冷やしておく。

2 図2のように，発芽後の種子の子葉につけたヨウ素液の色の変化として，もっとも適切なものを次の**ア**～**オ**から1つ選び，記号で答えなさい。

ア 青むらさき色のヨウ素液が無色に変化した。 **イ** 青むらさき色のヨウ素液が茶色に変化した。

ウ 無色のヨウ素液が青むらさき色に変化した。 **エ** 茶色のヨウ素液が青むらさき色に変化した。

オ ヨウ素液の色に変化がなかった。

3 土にまいたインゲンマメの発芽後のようすとして，もっとも適切なものを次の**ア**～**カ**から1つ選び，記号で答えなさい。

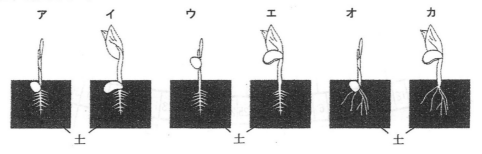

ア **イ** **ウ** **エ** **オ** **カ**

土 土 土

5 キャベツの葉に産みつけられていたモンシロチョウの卵を観察して，チョウの成長について調べました。次の1，2の各問いに答えなさい。

1 卵から出てきた幼虫がはじめにすることは次のどれですか。もっとも適切なものを次の**ア**～**エ**から1つ選び，記号で答えなさい。

ア まわりにいる幼虫を食べる。

イ 卵のからを食べる。

ウ 卵が産みつけられていたキャベツの葉を食べる。

エ 卵が産みつけられていたキャベツの葉にふんをする。

2 モンシロチョウの成虫のあしがはえている位置と，あしの本数が正しくなるようにモンシロチョウの成虫のあしを解答らんの図の中にかき入れなさい。

－理科3－

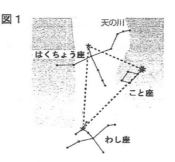

図1

6　　　図1は，8月のある日の午後9時に，福岡県の南の空に見える星空を観察し，星座がわかるように書き入れたものです。次の1〜3の各問いに答えなさい。

1　南の空の星を観察するとき，星座早見をどのように持てばよいですか。もっとも適切なものを次の図2のア〜エから1つ選び，記号で答えなさい。

図2

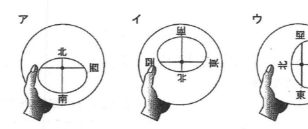

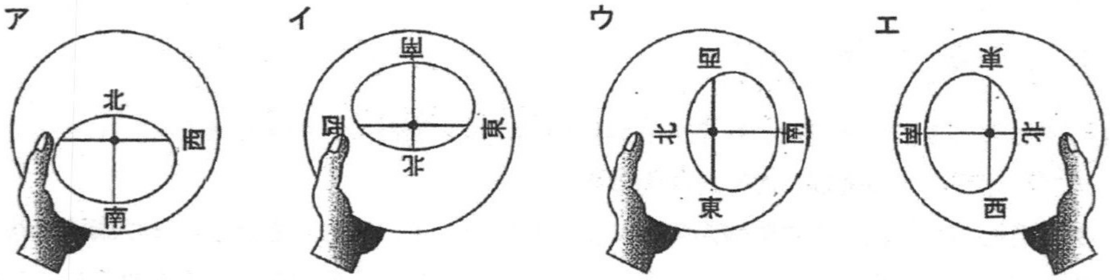

2　図1の観察を行ったとき，星座早見の目もりは次の図3のようになっていました。この観察は8月の何日に行ったものですか。もっとも適切なものを次のア〜エから1つ選び，記号で答えなさい。

図3

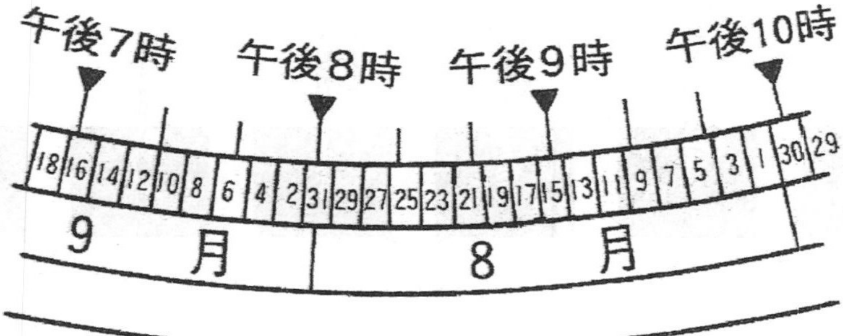

ア　8月1日　　　　イ　8月7日　　　　ウ　8月15日　　　　エ　8月31日

3　図1の星座を，福岡県の南の空のおよそ同じ位置に観察できるのはいつですか。もっとも適切なものを次のア〜オから1つ選び，記号で答えなさい。
ア　7月15日の午後7時　　　　　　イ　8月1日の午後11時
ウ　8月31日の午後8時　　　　　　エ　9月15日の午後10時
オ　9月15日の午後8時

3 たかしさんは，それぞれの時代を代表する人物が残したことばをあつめて，その時代について調べ，歴史新聞の記事を作成しようと考えています。ことば①～④を見て，次の1～3の各問いに答えなさい。

ことば①
「わたしは生まれながらの将軍である。」

ことば②
「今はなき頼朝様があなたたちにあたえた
ご恩は山よりも高く，海よりも深い。」

ことば③
「国じゅうの銅を使って大仏をつくり，大きな
山をくずして大仏殿（仏堂）を建てる。」

ことば④
「この世をば　わが世とぞ思う　望月の
　　　　かけたることも　なしと思えば」

1 たかしさんは，ことば①～④のそれぞれの時代について，次のア～エの記事を作成しました。記事の内容が正しいものを，次のア～エから1つ選び，記号で答えなさい。

ア
幕府の基礎がかたまる。
この時代，・・・御家人は，戦いがおこれば「いざ，鎌倉」とかけつけた。

イ
幕府の基礎がかたまる。
この時代，・・・町人は，五人組をつくらされ，年貢をおさめた。

ウ
都がさかえる。
この時代，・・・農民は税として稲をおさめ，東北地方の守りについた。

エ
都がさかえる。
この時代，・・・貴族は書院造の大きなやしきに住み，歌舞伎を楽しんだ。

2 たかしさんは，ことば①～④に関係がある文化財を集めて，記事にもりこもうとしました。ことば①～④には関係がない文化財を，次のア～エから1つ選び，記号で答えなさい。

ア

イ

ウ

エ

3 たかしさんは，記事を年代順に編集して歴史新聞を完成させようとしています。ことば①～④を年代の古い順に並べかえた場合，3番目にくるものを，次のア～エから1つ選び，記号で答えなさい。
ア　ことば①　　イ　ことば②　　ウ　ことば③　　エ　ことば④

4　　かおりさんは，図書館の歴史展示室を訪れ，今まで学習したことを確認しようとしました。資料1～3を見て，次の1～3の各問いに答えなさい。

1　かおりさんは，写真コーナーで，資料1の人物の写真を見つけました。
この人物がおこなったことを，次のア～エから1つ選び，記号で答えなさい。

資料1

　ア　木戸孝允らとともに，アメリカやヨーロッパ諸国にわたった。
　イ　大久保利通らとともに，西南戦争で政府のために活躍した。
　ウ　勝海舟と二人で，江戸城の開城（明けわたし）について話し合った。
　エ　板垣退助と二人で，政府への不満から自由民権運動をおこした。

2　かおりさんは，絵画コーナーで資料2の絵画を見つけました。この絵画は，日本が勝利した外国との戦争がおこる前のようすを表しています。この戦争で取り決められた内容を，次のア～エから1つ選び，記号で答えなさい。

資料2

　ア　日本は賠償金と台湾などをえた。
　イ　日本は樺太の南半分と満州の鉄道の権利をえた。
　ウ　日本は不平等条約を改正することができた。
　エ　日本は朝鮮を併合した。

3　かおりさんは，印刷物コーナーで，年代の古い順に並べられた印刷物の中から資料3の印刷物を見つけました。資料3の次にくる印刷物を，次のア～エから1つ選び，記号で答えなさい。

資料3

　　ア　　　　　　　　　イ　　　　　　　　ウ　　　　　　　　エ

　かん板　　　　新聞記事　　　チラシ　　　　切手　　　　　　教科書

5　　ゆきさんは「私たちのくらしと政治」について調べ，レポートにまとめました。次の1～3の各問いに答えなさい。

レポート

「私たちのくらしと政治」

　地域の福祉施設や公共施設の建設など，住民の福祉にかかわることは，私たちが納める①税金と，②国からの補助金などを使って，③地方公共団体が行っています。

1　レポート中，下線部①の使われ方としてあやまっているものを，次のア～エから1つ選び，記号で答えなさい。
　ア　郵便物の集配　　イ　ごみの処理　　ウ　教科書の配布　　エ　道路の建設

2　レポート中，下線部②の政治は，立法・行政・司法の3つの機関に分けられています。この3つの機関の関係について正しいものを次のア～エから1つ選び，記号で答えなさい。
　ア　立法機関は，司法機関に対して，最高裁判所長官を指名することができる。
　イ　司法機関は，行政機関に対して，憲法に違反していないか調べることができる。
　ウ　司法機関は，立法機関に対して，衆議院の解散を決めることができる。
　エ　行政機関は，立法機関に対して，内閣の不信任を決議することができる。

3　レポート中，下線部③が定めるきまりを何といいますか。漢字2字で答えなさい。

4 下の図は，いくつかの直方体を組み合わせて作った立体の展開図です。
この立体について，下の1，2の各問いに答えなさい。

図

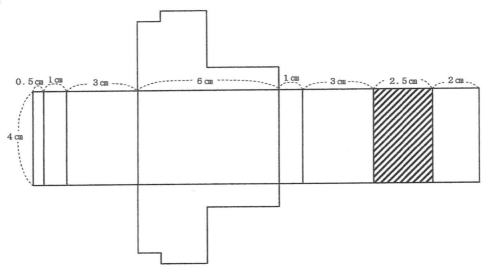

1 この立体の斜線をつけた面と平行になる**辺**は何本ありますか。

2 この立体の**体積**は何cm³ですか。

5 下の表は，あるきまりにしたがって数字が並んでいるようすの一部を表したものです。
このとき，下の1，2の各問いに答えなさい。

表

番目	1	2	3	4	5	6	7	8	9	10	11	
数字	1	2	2	3	3	3	4	4	4	4	5	

1 ３８番目の数字は何ですか。

2 １番目から６０番目までに並んでいる数字を全部たすと，いくつになりますか。

6　すみれさんの家から，１５００ｍはなれたところに学校があります。すみれさんはその学校に通学するために，毎朝８時ちょうどに家を出て，歩いて学校に向かいます。下の図は，すみれさんが家を出発してから歩いて学校に着くまでの時間と道のりの関係を表したグラフです。

　　このとき，下の１，２の各問いに答えなさい。ただし，すみれさんが通学するときに歩く速さは一定とします。

図

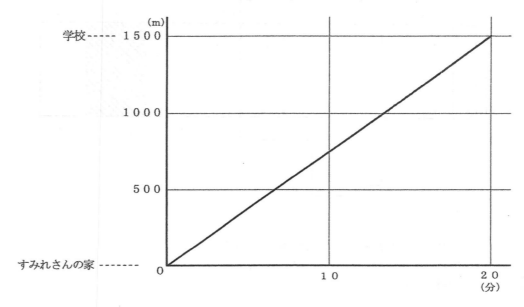

１　すみれさんが通学するときに歩く速さは分速何ｍですか。

２　ある日，すみれさんはいつものように８時ちょうどに家を出て，歩いて学校に向かう途中で，忘れ物をしたことに気がつき，すぐに来た道を走ってもどり，家に取りに帰りました。家に着いてから１分後に再び家を出発し，同じ道を走って学校に向かったところ，学校に着いた時刻は８時２０分でした。すみれさんの走った速さは，通学するときの歩く速さの２倍であるとき，すみれさんが忘れ物をしたことに気がついた時刻は，８時何分ですか。